中小企业
人力资源
管理实践研究

肖丽娜 ◎ 著

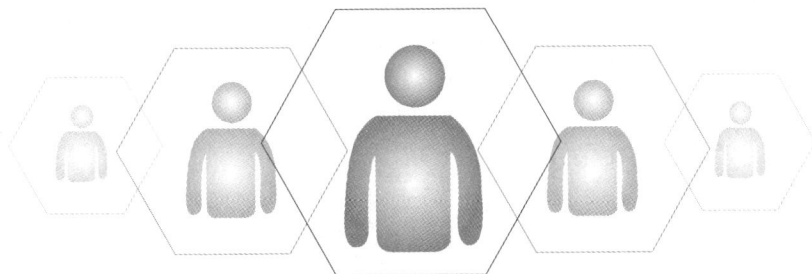

中国原子能出版社

图书在版编目（CIP）数据

中小企业人力资源管理实践研究 / 肖丽娜著. —— 北京 : 中国原子能出版社, 2023.2
ISBN 978-7-5221-1717-1

Ⅰ. ①中… Ⅱ. ①肖… Ⅲ. ①中小企业 – 人力资源管理 – 研究 Ⅳ. ①F276.3

中国国家版本馆CIP数据核字(2023)第041899号

内容简介

本书属于中小企业人力资源管理方面的著作，全书设计有以下几大部分，即：前言、中小企业的人力资源管理模式、中小企业的人力资源管理外包、科技型中小企业核心员工激励机制、中小企业的产业集群与管理、中小企业孵化器与人力资源服务、中小微跨国企业人力资源管理。

全书立足于理论与方法两个方面，围绕中小企业人力资源管理的特点，结合时代特征，从外包、科技型中小企业、产业集群、孵化基地、跨国经营等不同角度出发，进行了详细的阐述，通过上述研究以期对中小企业人力资源管理的相关从业者和研究者提供一定的参考。

中小企业人力资源管理实践研究

出版发行	中国原子能出版社（北京市海淀区阜成路43号　100048）
责任编辑	刘东鹏　王齐飞
装帧设计	河北优盛文化传播有限公司
责任校对	冯莲凤
责任印制	赵　明
印　　刷	北京天恒嘉业印刷有限公司
开　　本	710 mm×1000 mm　1/16
印　　张	9.75
字　　数	157千字
版　　次	2023年2月第1版　　2023年2月第1次印刷
书　　号	ISBN 978-7-5221-1717-1　定　价　58.00元

前　言

　　中小企业是我国国民经济发展中不可或缺的组成部分，是推动国民经济发展、促进社会稳定的基础力量。近年来，我国的中小企业、民营企业蓬勃发展，从小到大，由弱到强，在扩大劳动就业，促进技术创新，改善社会民生等方面发挥了不可替代的作用，做为国民经济和社会发展生力军的作用日益凸显，中小企业也越来越受到政府的重视，可以说中小企业工作是一项利国利民的民生工程。

　　当前，伴随着疫情防控的常态化以及国际经济形势风云变幻，我国中小企业面临着产业链重构的影响，同时融资难、融资贵问题依然突出，创新能力不强等问题有待于进一步加强。如何推动中小企业创新发展，成为我国各级政府共同关注的头等大事。党中央、国务院相继出台了一系列政策措施，各地区、各部门认真贯彻落实，不断加大对中小企业支持力度，推动中小企业平稳健康发展。

　　习近平总书记高度重视中小企业发展，强调"中小企业能办大事"，要培育"一批'专精特新'中小企业""支持中小企业创新发展"。2012年4月26日，国务院发布《国务院关于进一步支持小型微型企业健康发展的意见》（国发〔2012〕14号），首次提出"鼓励小型微型企业发展现代服务业、战略性新兴产业、现代农业和文化产业，走'专精特新'和与大企业协作配套发展的道路，加快从要素驱动向创新驱动的转变。"2013年6月26日，工业和信息化部在上海召开座谈会，对11个省市促进中小企业"专精特新"发展工作进行调研，进一步落实《工业和信息化部关于促进中小企业"专精特新"发展的指导意见》，加大促进中小企业"专精特新"发展的工作力度，交流经验，听取建议。2013 年 7 月 16 日，国家工业和信息化部发布《工业和信息化部关于促进中小企业中小企业"专精特新"发展的指导意见》（工信部企业〔2013〕264 号），明确提出促进"专精特新"中小企业的总体思路、重点任务及推进措施。2021 年 1 月 23 日，财政部、工业和信息化部联合印发《关于支持"专精特新"中小企业高质量发展的通知》，启动中央财政支持"专精特新"中小企业高质量发展政策。

"专精特新"中小企业是指具有"专业化、精细化、特色化、新颖化"特征的中小企业。截至目前，国家共认定发布了四批 9119 家"专精特新""小巨人"企业，其中超过 80% 的企业属于战略性新兴产业及相关服务业，是保障我国产业链、供应链稳定的重要支撑。

引导中小企业走"专精特新"发展道路是推动中小企业高质量发展、巩固壮大实体经济根基的战略性举措。"专精特新"中小企业的培育需要创新型人才的大力支持，如何鼓励技术创新型人才积极创立中小企业，提供相应的政策吸引并保留住技术核心人才成为中小企业能够持续有效发展的重要保障。

本书属于中小企业人力资源管理方面的著作，全书设计有以下几大部分，即前言、中小企业的人力资源管理模式、中小企业的人力资源管理外包、科技型中小企业核心员工的人力资源管理、中小企业集群发展中的人力资源管理、企业孵化器与人力资源管理服务、中小企业人力资源管理的伦理、结语。

全书立足于理论与实践两个方面，围绕中小企业人力资源管理的特点，结合时代特征，从外包、科技型中小企业、产业集群、孵化器、人力资源管理伦理等不同角度出发，进行了详细的阐述。通过上述研究，以期对中小企业人力资源管理的相关从业者和研究者提供一定的参考。

目 录

第一章　中小企业的
人力资源管理模式

第一节　中小企业的概念与特点

中小企业即中小型企业，它是与所处行业的大企业相比，在人员规模、资产规模与经营规模上都比较小的经济单位。此类企业通常可由单个人或少数人提供资金组成，其雇用人数与营业额皆不大，因此在经营上多半是由业主直接管理，受外界干涉较少。

通常情况下，世界各个国家和地区一方面为了适应企业宏观管理决策的需要，会根据实情制定统一的中小企业标准，整体掌握中小企业的情况，制定方针政策，进行宏观调控；另一方面为了制定针对中小企业的扶持政策，充分发挥中小企业在发展国民经济和稳定社会方面的特殊作用，也需要以法律形式对中小企业规模形态进行规范。

一、中小企业的界定标准

不同的国家、不同的经济发展阶段、不同的行业对中小企业界定的标准不尽相同，且随着经济的发展而动态变化。

（一）国外的界定标准

各国一般从质和量两个方面对中小企业进行定义，质的指标主要包括企业的组织形式、融资方式及所处行业地位等，量的指标则主要包括雇员人数、实收资本、资产总值等。量的指标较质的指标更为直观，数据选取容易，大多数国家都以量的标准进行划分，如美国国会 2001 年出台的《美国小企业法》对中小企业的界定标准为雇员人数不超过 500 人，英国、欧盟等在采取量的指标的同时，也以质的指标作为辅助。

1. 美国

近年来，在美国中小企业管理局一年一版的《中小企业状况》中，美国中小企业管理局对中小企业的界定为雇员人数 500 人以下或营业额不足 600 万美元的企业为中小企业（见表 1）。

表 1　美国 SBA 对部分行业中小企业的界定标准

行业种类	标准	备注
制造业	职工人数 500 人以下	750 人以下：水泥、塑料、家电、医药制剂等 1000 人以下：烟草、汽车、电脑制造、无机化工等
批发业	职工人数 100 人以下	
建筑业	销售额 2850 万美元以下	
零售业	销售额 650 万美元以下	
金融业	销售额 1 亿美元以下	
服务业	销售额 650 万美元以下	

美国中小企业管理局（SBA）于 1958 年被美国国会确定为"永久性联邦机构"。作为美国联邦政府专门设立的向中小企业提供资金支持、技术援助、政府采购、紧急救助、市场开拓（特别是国际市场）等全方位、专业化服务的机构，美国中小企业管理局是美国政府制定小企业政策的主要参考和执行部门，在各联邦政府部门中享有很高的地位，局长由总统亲自任命。美国中小企业局总部设在华盛顿，在美国十大城市设有分局，分局下设 100 多个地方机构，员工总人数超过 4000 人。

作为世界上发达国家之一，美国目前中小企业约有 2500 万家，其数量约占美国全部企业数量的 98%，是美国经济中最具活力的部分。美国中小企业对美国的经济贡献很大，它们创造的就业机会占私营企业的 54%，销售额占全国销售总额的 47%，产值占国内生产总值的 50%。同时，美国中小企业又是技术创新的重要力量。美国中小企业不仅有很强的发明创造力，而且科技成果推出快，科技投资回收期约比大公司短 1/4，中小企业发展新技术新产品的效率高于大企业。因此，美国经济的真正核心是中小企业。

从 20 世纪 40 年代起，美国就开始设立扶持小企业发展的官方机构。美国政府对小企业的管理机构，主要由三个部门组成：一是参众两院设立的小企业委员会，主要听取小企业管理局和总统小企业会议对有关小企业发展政策的建议和意见。二是联邦政府小企业管理局。它是美国小企业的最高政府管理机构，负责向小企业提供资助和支持，并维护小企业的利益。三是白宫总统小企业会议。它主要就小企业的法律制定、政策协调、资金融通、信息咨询和社会服务等问题进行讨论，以便总统决策。

2. 欧盟

1996年，欧盟委员会在欧盟内部制定了一个最基本的中小企业界定标准，即雇员人数在250人以下；年营业额不超过5000万欧元、或者年度资产总额不超过4300万欧元的企业。

3. 日本

1999年，日本颁布的新《中小企业基本法》，对中小企业的定义按照行业分类，采用"制造业、批发业、零售业和服务业"四分法，以每个行业的职工人数和资本额作为界定标准。

制造业：从业人员300人以下或资本额3亿日元以下（1963年为1亿日元）。

批发业：从业人员100人以下或资本额1亿日元以下（1963年为3000万日元）。

零售业：从业人员50人以下或资本额5000万日元以下（1963年为1000万日元）。

服务业：从业人员100人以下或资本额5000万日元以下（1963年为1000万日元，职工数50人以下）。

（二）我国的界定标准

2011年6月18日，我国工业和信息化部、国家统计局、国家发展和改革委员会、财政部联合印发了《关于印发中小企业划型标准规定的通知》，将中小企业划分为中型、小型、微型三种类型，具体标准根据企业从业人员、营业收入、资产总额等指标，结合行业特点制定。规定各行业划型标准如下：

（1）农、林、牧、渔业。营业收入20 000万元以下的为中小微企业。

（2）工业。从业人员1000人以下或营业收入40 000万元以下的为中小微企业。

（3）建筑业。营业收入 80 000 万元以下或资产总额 80 000 万元以下的为中小微企业。

（4）批发业。从业人员 200 人以下或营业收入 40 000 万元以下的为中小微企业。

（5）交通运输业。从业人员 1000 人以下或营业收入 30 000 万元以下的为中小微企业。

（6）零售业。从业人员 300 人以下或营业收入 20 000 万元以下的为中小微企业。

（7）住宿业和餐饮业。从业人员 300 人以下或营业收入 10 000 万元以下的为中小微企业。

（8）信息传输业。从业人员 2000 人以下或营业收入 10 000 万元以下的为中小微企业。

（9）软件和信息技术服务业。从业人员 300 人以下或营业收入 10 000 万元以下的为中小微企业。

（10）仓储业。从业人员 200 人以下或营业收入 3000 万元以下的为中小微企业。

（11）邮政业。营业收入 2000 万元及以下的为中型企业。

（12）房地产开发经营。营业收入 200 000 万元以下或资产总额 10 000 万元以下的为中小微企业。

（13）物业管理。从业人员 1000 人以下或营业收入 5000 万元以下的为中小微企业。

（14）租赁和商务服务业。从业人员 300 人以下或资产总额 12 000 万元以下的为中小微企业。

（15）其他未列明行业。从业人员 300 人以下的为中小微企业。

二、中小企业的经营特点

（一）对市场变化的适应性强，机制灵活，能发挥"小而专""小而活"的优势

中小企业由于自身规模小，人、财、物等资源相对有限，既无力经营多

种产品以分散风险，也无法在某一产品的大规模生产上与大企业竞争，因而，往往将有限的人力、财力和物力投向那些被大企业所忽略的细小市场，专注于某一细小产品的经营上来不断改进产品质量，提高生产效率，以求在市场竞争中站稳脚跟，进而获得更大的发展。

从世界各国的类似成功经验来看，通过选择能使企业发挥自身优势的细分市场来进行专业化经营，走以专补缺、以小补大，专精致胜的成长之路，这是众多中小企业在激烈竞争中获得生存与发展的最有效途径之一。此外，随着社会生产的专业化、协作化发展，越来越多的企业摆脱了"大而全""小而全"的组织形式。中小企业通过专业化生产同大型企业建立起密切的协作关系，不仅在客观上有力地支持和促进了大企业发展，同时也为自身的生存与发展提供了可靠的基础。

（二）经营范围广泛，行业齐全，点多面广，成本较高，提高经济效益的任务艰巨

一般来讲，大批量、单一化的产品生产才能充分发挥巨额投资的装备技术优势，但大批量的单一品种只能满足社会生产和人们日常生活中一些主要方面的需求，当出现某些小批量的个性化需求时，大企业往往难以满足。因此，面对当今时代人们越来越突出的个性消费需求，消费品生产已从大批量、单一化转向小批量、多样化。虽然中小企业作为个体普遍存在经营品种单一、生产能力较低的缺点，但从整体上看，由于量大、点多、且行业和地域分布面广，它们又具有贴近市场、靠近顾客和机制灵活、反应快捷的经营优势，因此，利于适应多姿多态、千变万化的消费需求；在零售商业领域，居民日常零星的、多种多样的消费需求都可以通过千家万户中小企业灵活的服务方式得到满足。

（三）中小企业是成长最快的科技创新力量

现代科技在工业技术装备和产品发展方向上有着两方面的影响，一方面是向着大型化、集中化的方向发展；另一方面又向着小型化、分散化方向发展。产品的小型化、分散化生产为中小企业的发展提供了有利条件。在新技术革命条件下，许多中小企业的创始人往往是大企业和研究所的科技人员、或者大学教授，他们经常集治理者、所有者和发明者于一身，对新的技术发

明创造可以立即付诸实践。正因为如此，20 世纪 70 年代以来，新技术型的中小企业像雨后春笋般出现，它们在微型电脑、信息系统、半导体部件、电子印刷和新材料等方面取得了极大的成功，有许多中小企业仅在短短几年或十几年里，迅速成长为闻名于世的大公司，如惠普、微软、雅虎、索尼和施乐等。

（四）抵御经营风险的能力差，资金薄弱，筹资能力差

与世界情况相比，中国是商业银行提供流动资金比例最高的国家之一，流动资金也是有风险的，比如产品是否能够销售出去。但是在中国形成这么一个概念，就是流动资金可以完全依靠银行，中国流动资金占 GDP70% 以上，有些国家只有中国的一半左右，还有的国家只有中国的 1/3。

流动资金贷款这么大主要有两方面原因：原材料库存、中间材料库存很大；企业自有资金如公积金、保留利润等被大量用于扩大再生产、基本建设等投资，造成流动资金在很大程度上依赖银行。但是据不完全统计，中小企业贷款申请遭拒率达 56%。

三、我国中小企业的发展概况

我国中小企业是国民经济的重要组成部分，是推动经济增长的重要力量。随着我国改革开放的不断深化与发展，我国的中小企业发展迅速，已经在整个国民经济和社会发展中发挥着不可替代的作用，呈现了新的发展现状和特点。

（一）中小企业数量稳步扩大，主要分布于服务业、批发零售业和部分制造业

中小企业从数量上是国民经济的主体，是推动我国国民经济平稳发展，促进社会和谐不可或缺的重要力量。目前，中小企业在我国企业总数的占比超过 99%，贡献 50% 以上的税收，60% 以上的 GDP，70% 以上的技术创新，80% 以上的城镇劳动就业，是国民经济和社会发展的主力军，也是扩大就业、改善民生的重要支撑。

截至 2021 年，我国中小企业数量已达 4881 万家，比 2020 年增长 8.5%，其中专业服务和批发零售领域的中小企业数量增长最快。具体到工业领域，

我国规模以上的工业中小企业达到 40 万户，营业收入超过 75 万亿元，利润总额达到 4.7 万亿元，较 2012 年分别增长了 23.5%、38.7%、37.1%。

目前，中小企业（不含 10 人以下企业）的行业分布并不均衡，超过 70% 的中小企业分布于专业服务业（含互联网和科技服务）、物流批发、零售和制造业，在电信、金融、教育、交通、公共事业的中小企业数量不足 10%。同时，中小企业地域分布也不均匀，主要以东南沿海地区为主，其中包邮区的中小企业（上海、江苏，浙江）占比第一。

（二）中小企业经济总量占据半壁江山，是扩大就业的主力军

中小企业经济总量较高，社会贡献突出，已经成为推动经济社会平稳发展的重要力量。特别是近年来小微企业的发展，在经济社会发展中的地位越来越重要。在工业领域，目前我国中小微企业占全国经济总量近 60%。

中小企业在发展过程中为国民经济发展提供了大量的就业岗位，是我国新增就业岗位的源泉，有效地缓解了社会就业压力，有利于社会稳定。第四次经济普查数据显示，中小企业的从业人数占全部企业从业人数的比例达到 80%。2021 年我国私营个体就业总人数达到 4 亿，较 2012 年增加了 2 亿多人。中小微为主的民营企业是我国第一大的外贸经营主体，2021 年对外贸增长的贡献度超过 58.2%。研究表明，中小企业与地区的经济增长的相关系数超过了 0.8，中小企业活跃的地区，也恰恰是经济发展和择业的热点地区。

近十年来，我国城镇私营企业、乡村私营企业和个体从业人员就业数据不断提升，其中城镇私营企业从业人员增速最高，城镇 75% 以上的就业岗位由中小企业提供，大部分进城农民工在中小企业务工，中小企业也成为高校毕业生就业的重要渠道。

（三）中小企业发展类型具有多样性

目前我国中小企业的发展主要存在三种类型。

第一类是中小企业产业集群。在这种模式中，数量众多、结构合理的中小企业聚集在一起，依附于大企业，以大企业为龙头，通过为大企业提供配套服务，各类中小企业能够发挥自身优势，实现各自优势互补和资源优化配置，并提升产业整体竞争力和抵御风险的能力。同时，大企业的技术进步、设备升级、服务改进还带动了产业链各环节和产业集群中配套的中小企业不

断发展。

第二类是遵循市场引导的中小企业。这些中小企业市场敏锐度较高，主要以传统制造业、劳动密集型和外向型企业为主。但这些企业的生产技术相对落后，单个企业的资金规模有限，高素质技术人才缺乏，没有有效和可靠的技术团队和技术依托，品牌意识不强，市场竞争力主要来源于低劳动力成本。企业以家族化管理为主，企业决策具有随意性，缺乏有效的内部监控和制约，直接影响到企业的投资决策和投资效率。

第三类是科技型中小企业。近几年为了加快科技型中小企业的发展，国家设立了科技型中小企业技术创新基金和创业投资引导基金，此外，在研发、设备进口、所得税等方面，国家也提供了相应的税收优惠。这些措施明显改善了科技型中小企业的发展环境，特别是评定和资助科技型中小企业发展的做法，为科技型中小企业提供了隐含的政府担保，引导着政策性金融资金、商业银行信贷以及风险投资资金向这些企业提供贷款和资本金，从而形成了多种金融资本共同支持科技型中小企业发展的新格局，加快了科技成果向生产力转化的步伐。

（四）中小企业正在加快实现转型升级

在全球经济进入后危机时期，世界各国都在进行经济转型与产业结构调整的大背景下，国内外市场竞争日趋激烈，对能源、资源和生态环境的约束趋于强化，使中小企业产业结构的矛盾和问题更加突出。一方面，劳动密集型、加工贸易型和处于初创期的中小企业特别是小微型企业生产经营难度加大，市场前景堪忧；另一方面，传统的粗放型增长方式在原材料、用工、能源等方面成本持续上升、资金短缺的局面下难以为继。为适应环境变化和新发展阶段的要求，中小企业在生存与发展的压力下，或主动或被动地加快了转型和升级的步伐，逐步摒弃"低成本、低价格、低利润"发展模式和放弃依靠"高消耗、高排放"换取的经营规模。按照行业的不同性质，中小企业一般采用产品升级、工艺装备升级、建立自主品牌和营销渠道、向产业链上下游延伸、市场转移、产业转移等方式进行转型升级。

中小企业走"专精特新"发展道路是近年来我国中小企业发展的一个鲜明特征。"专精特新""小巨人"企业中超六成属于工业的基础领域，超七成深耕行业十年以上，超八成进入了战略性新兴产业链，超九成是国内外知名大企业的配套专家。"小巨人"企业的平均研发强度达到10.3%，高于上市企业1.8个百分点。"专精特新"中小企业创新能力强、成长性好，在强链、补链、稳链中发挥着不可或缺的重要作用。

下面以"隐形冠军"德国中小企业为例进行介绍。

谈起德国的企业，首先浮现在脑海里的就是奔驰、宝马、大众、西门子、博世、巴斯夫这些工业大鳄。然而在德国，约占企业总数99%的中小企业，贡献了约54%的增加值，拉动了62%左右的就业，它们才称得上是德国工业和服务业的中坚力量。如果你真想了解德国最好的企业，一定会将注意力放到日默瓦、Jungbunzlauer和斯德拉马机械等公司上。它们都属于中小企业，而且比德国那些顶级上市公司表现更好。

这些中小企业中，大部分都是私营性质，并不公布自己的资产负债表。德国储蓄银行协会的一项最新分析显示，在最近的一个财年中，该协会的中型企业客户平均利润率为7.3%。相较之下，德国最大的110家企业的平均利润率仅为6.3%。这种成功并非昙花一现。过去13年，该协会数据库中30万家私营企业的利润增加了一倍以上，表现优于德国的上市企业。

这群高度专业化且通常是家族化经营的德国中小企业构成了德国国民经济的支柱。德国是全球第四大经济体，然而在《财富》500强企业中德国企业仅占28席。英国和法国的上榜企业数量都比德国多。但就各个市场的"隐形冠军"而言，德国却拥有多达1307家，是英法两国总和的9倍之多。这些中小企业往往凭借其看家技术本领，使其产品及服务在专业领域独占鳌头。

1. 政府出台特殊政策资助中小企业创新

创新往往始于中小企业，因为它们对市场的反应更加直接和迅速，相对于大企业来讲更注重在市场上获得一席之地。为增强中小企业的创新能力，弥补中小企业自有研发资金不足的短板，德国政府一直采取特殊的政策，通过项目资助和设立基金的形式来解决"钱从哪里来"的问题。

专利申请是使中小企业守住自己一技之长的利器。为此，联邦政府启动了"中小企业专利行动"资金补贴项目，旨在提高中小企业在创新过程中使用专利和科技数据库的意识及能力，并在获得专利后帮其进行产品市场化。

比如，联邦教研部负责的"中小企业创新项目"计划，对信息通讯技术、纳米技术、光学技术、生产技术、资源效率和能效技术及公共安全领域的科技创造予以资助。德国联邦经济技术部推出的"中小企业创新核心"计划不受行业和技术领域的限制，一方面对企业自身产品开发或生产工艺创新进行资助；另一方面对企业之间或企业与研究机构之间的合作，加速技术知识的商业转化提供资助。上述项目中，政府资助的部分最多可达技术创新过程所需资金的50%。如创新成功，可从利润中分期归还，一旦创新失败，则无需企业承担债务。

除此之外，由联邦经济技术部、德国复兴信贷银行及知名企业设立的高科技创业基金，总规模达到2.885亿欧元，为处于种子期的年轻科技型中小企业提供风险投资。用于"二战"后德国重建的欧洲重建基金，也越来越多地用来支持中小企业。其中用来支持中小企业的"EPR创新计划"，可向其提供总额500万欧元、长达10年的研发贷款，用来研发新产品或将已研发的新产品投入市场应用。

2.面向中小企业的科研搬运工：弗劳恩霍夫研究院

德国知名的大企业都拥有自己的科研队伍，而对于中小型企业而言，由于其实力的限制，需有专业化的服务机构，满足它们对创新的需求。

德国弗劳恩霍夫协会就是这样一家最受中小企业欢迎的创新伙伴。它是欧洲最大的应用科学研究机构，有着66年的历史，拥有67个研究所，分布在德国40个城市。它的研发活动主要集中在材料技术和零部件、制造技术和生产工艺、信息和通讯技术、微电子和微系统技术、传感器系统和测量技术、化工和工艺技术、能源、建筑、环保、节能和健康研究、技术经济研究和信息传播领域。其最具盛名的科技成果莫过于风靡全球的MP3技术了。

如果把协会看成是一个大型的加工厂，那么其"产品"就是为客户量身定做的各种技术。通过接收客户委托，针对企业创新的不同环节，即从创意阶段到样品的设计与开发、试生产、批量生产及进入市场各个阶段，为中小企业提供不同内容的研发服务。协会和企业双方以签署合同的方式对研究的问题以及研究目标、方法、进程和费用等条件加以固定。通过这种方式，企业从中得到了物美价廉的专业服务，协会则通过合同研发的机制解决了运作的费用，又促进了研究水平的提高。供求双方有的放矢，技术转移成生产力过程简单快捷。

3.市场化运作的技术中介帮助企业申请资助获得贷款

为中小企业创新提供支撑，不得不提散落在德国各地的技术中心。它们是由区域内众多的中小企业以股份制形式组建的技术服务中介组织，依托本地区的产业及科技、教育优势为技术创新提供全方位的服务。

这些技术中心主要的功能是协助企业确立技术创新项目、协调技术创新过程中的方方面面。比如，从形成技术创新的意向和目标之后，通过市场调查，确立可行性的开发项目。接下来，组织行会、高校、科研机构与政府形成协作框架，进行产品研究、开发、中试及批量生产。在此过程中，由技术中心出面向政府递交可行性论证，进而申请资助。获得政府的资助后不仅增强了项目形象，而且更容易获得银行的贷款。

在上述协调过程中，技术服务中心还提供以下服务：联系专家为企业员工做相关培训；为创新提供相关材料、试验设备；为多家企业提供后勤服务；推销新技术产品。

第二节　中小企业面临的人力资源管理环境与影响因素

一、中小企业面临的人力资源管理环境

中小企业作为国民经济的重要组成部分，据统计，在每年新创办的公司中中小企业占绝大多数，同时作为经营规模增长最快的公司，中小企业的业务增长速度往往快于大公司，因而在每年新增的工作岗位中，中小企业提供的岗位占绝大多数，为劳动者提供了大量的就业机会。但是中小企业由于规模、经济等条件限制，所面临的人力资源管理环境具有一定的高风险性。

（一）外部环境

1.劳动力市场环境

人才匮乏。中小企业的主要特点是量大、面广、起点不高，多集中于劳动密集型产业。面对全球经济一体化和国内经济转型的两大挑战，中小企业发展的核心问题是人才。人才缺乏，尤其是高素质管理人才和高水平技术人才的缺乏，已严重制约了我国中小企业的健康发展。因此，普遍提高中小企业劳动者素质，建设一支高素质人才队伍，培养、吸引和用好人才，应该作为促进中小企业发展的一项重要工作。大量的人力资源管理或相关专业的毕业大学生，他们有系统的专业知识，有十分活跃的头脑，敢想敢干，可塑性十分强。这些人分布在各种类型的企业中，特别是外资企业和高新技术企业中聘用的较多。但是，人力资源管理是一个知识与经验并重的工作。一个优秀的人力资源管理者不仅要懂得专业知识，还要十分熟悉劳动法律、法规及相关的政策，更要有大量的实践经验，这些都需要较长时间的刻苦钻研和积累才能掌握。

人工成本上升。过去的五年，一般民企的人工成本上升了一倍。人工成本体现在两个方面：一是应发工资增长；二是社保缴费增加。五年前用一个普通职工，一年费用（工资加社保）3万元就可以；现在用一个普通职工，一年费用大概6万元。一个1000人的企业，企业的人工费用由过去的3000万元，增加到现在的6000万元。按照中央提出的2020年工资倍增目标，每年的工资增长不会低于10%，每年的新增额达到600多万元，再加上6000万元，这6600万元的人工费用，将大大增加中小企业的成本，中小企业利润将会被不断增加的人工成本吃掉。

2.科学技术环境

设备落后、技术水平低。我国工业设备本来就较落后，而中小企业更为落后。以工业企业劳动装备率为例，我国独立核算的大、中、小型企业的人均固定资产分别为10.29万元、5.11万元、2.48万元。而小企业的人均装备水平是中型企业的50%，大型企业的25%。所以，我国中小企业的资本有机构成偏低，设备老化，生产技术水平、劳动生产率低下，产品质量和技术含量不高，资源浪费和工业污染严重。

随着政府对环保的要求越来越严格，各项新标准不断出台，监管力度越来越大，尤其加大了对中小企业管理的监管力度。这两年，已经有一批中小型民企因环保问题被关闭，或被强制进行环保改善。三废的治理，没有大的投入是不行的。在这样的形势下，中小企业必须面对而不能逃避，要面对就必须加大投入，并切实保证环保设施的正常运行，这将使生产运行成本大大增加。

3.政策环境

党中央、国务院高度重视中小企业发展。2014年以来，国务院常务会议多次专题研究扶持小微企业发展有关工作。国务院促进中小企业发展工作领导小组各成员单位积极采取行动，认真抓好落实，各项工作正在有序推进，有力地激发了市场活力和创造力，优化了中小企业的发展环境，进一步加大财税支持。开展"小微企业创业创新基地城市示范"工作，以城市创业创新基地为载体促进中小微企业发展。继续深化惠企税费政策，提高小微企业所得税、增值税、营业税起征标准，降低失业保险、工伤保险和生育保险费率，减免42项行政事业性收费和5项政府性基金，使小微企业负担明显减轻。

（二）内部环境

1.组织工作的组织形式

随着社会生产的专业化、协作化发展，越来越多的企业摆脱了"大而全""小而全"的组织形式。中小企业通过专业化生产同大型企业建立起密切的协作关系，不仅在客观上有力地支持和促进了大企业发展，同时也为自身的生存与发展提供了可靠的基础。中小企业的组织结构一般采取直线职能制或直线制。直线职能制结构下生产部门除了有一个上级以外，还要受到企业职能部门的业务协调（如企业销售、技术、物资、生产、财务等职能部门的业务协调或指导）。直线制下生产部门只有一个上级。

2.组织文化

企业文化作为现代企业管理的重要内容，对企业经营业绩的促进作用是非常重要的，也是企业获得竞争优势的基础。不少中小企业没有自己的企业文化，也没有意识到企业文化对企业发展的重要性，更不知如何去建立企业文化。有的中小企业虽然在员工手册上写了企业文化，却从未在实际管理中体现过这种文化。

我国中小企业绝大多数具有同一性和重复性，这导致很多中小企业的企业文化建设也以模仿其他企业为主，很少结合自己的特色进行创新，缺乏个性。缺少中小企业自身风格的企业文化，也让消费者很难将其与其他类企业加以区分，更难以培养自己的忠诚消费者，不利于中小企业的长期发展。随着市场经济的进一步完善和发展以及现代企业制度的建立，大部分中小企业的机制已经转换，但是相应的文化建设远远没有跟上来，仍然拘泥于原有的模式。

据调查，在我国中小企业的聚集地温州，有 60% 的企业领导没有充分熟悉到企业文化的必要性，企业经营者不介入、不重视，没有把企业文化战略编入企业发展规划的整体战略中，企业经营理念涉及企业使命、宗旨和目标等内容的规定力度远远不够。

家族式管理的企业文化制约了企业竞争。我国的中小企业绝大多数是家族式企业，在这些家族式管理的中小企业中，在创业初期具有一定合理性的管理模式，在企业规模发展壮大后多有弊病，企业所有权和经营权在核心家族成员手中高度集中，导致一些中小企业在人才任用上不以个人素质论高低，裙带关系严重；在管理决策上，也是主要家族成员独裁式管理，致使整个企业经营管理停留在相对固定的水平，难以适应不断变化的市场环境。

二、中小企业人力资源管理的影响因素

中小企业与大型跨国公司之间的人力资源管理是不同的，中小企业人力资源管理的特殊性主要源于以下四个方面的原因。

（一）企业规模的限制

小微企业（如员工人数少于 100 人的小企业）很少会拥有专职的人力资源管理人员。常见的情况是只有当一家公司所雇佣的员工人数达到 100 人，它才会有能力雇佣一名人力资源管理人员。并不是说，小微企业不需要处理

各种人力资源事务，即便是只有5～6个人的零售店，也必须实施员工招募、甄选、培训、绩效考核以及薪酬支付、福利等系列人力资源管理工作，只不过在这种情况下，通常都是企业主及助理来完成这些人力资源管理方面的文档以及相关任务。美国人力资源管理协会的研究发现，即使是员工数量少于100人的公司，每年也得花大约相当于两名工作人员的时间来处理各种人力资源管理问题。当然，这些工作通常都是由老板每天工作更长的时间来完成的。

（二）不同于大企业的工作重心

当企业发展处于初创期，中小企业的经营者大多把时间和精力放在业务领域上，聚焦于企业的生存和发展壮大等重要的方面，重业务、轻管理，更加关注产品销量和市场占有率等问题。这不仅仅是由中小企业的规模决定的，还源于中小企业所处的现实情况。一项针对英国多家小型电子商务公司的研究发现，尽管许多中小企业也意识到人力资源管理问题的重要性，但对于这些中小企业而言，人力资源管理问题并不是目前中小企业发展的头等大事。研究者指出：相比大型企业，中小企业普遍存在产品销售压力、财务压力、人才流失压力等，因而其关注的重点集中于对企业生存与发展起关键作用的财务、生产和市场营销等领域，较少对人力资源管理给予足够的关注。中小企业一般在取得相对稳定的发展后，才会考虑规范化管理的问题。

（三）人力资源管理活动的非正式性

由于上面两方面的原因，中小企业的人力资源管理活动趋于更不正规化。在中小企业中，各项人力资源管理活动，如招聘、培训、绩效考核、薪酬设计等，通常都是以非正式的方式完成的，缺乏大公司的正规化、系统化和流程化。如一项研究分析了900家中小企业的培训实践，发现其员工培训缺乏完整性，大多是一些简单的工作交代，或强调通过同事或上级的在职培训。

这种非正式性，不仅仅是由于缺乏专家和各种资源，还有一部分原因是"生存问题"。中小企业必须对各种竞争条件作出灵活性的反应，迅速调整自己的人力资源管理活动，如招聘政策、晋升、绩效考核、薪酬决策及休假等方面的问题，以适应市场及竞争对手的各种挑战。

（四）中小企业的创业者特质

中小企业都是在风险条件下从零开始创建起来的，在企业发展过程中，总会遇到各种各样的风险，且相较大公司，中小企业抗击风险的能力会相对较弱。在这个过程中，中小企业创业者或管理者需要有高度敬业精神、对市场敏锐的洞察力、富有远见的战略眼光。这些创业者或管理者总是倾向于较强的控制欲，企业所有者往往会将自己的个性、管理风格强加于企业的各种内部事务，包括企业的主要目标和发展方向、工作条件和各种政策、企业的内外部沟通风格以及如何将这种风格传达到员工等方面，以形成独特的创业或管理文化。

第三节　中小企业的人力资源管理模式

一、中小企业的人力资源管理风险

中小企业处于一种既缺乏外界关注，又缺少专业知识的情境之中，一般面临着四个方面的人力资源管理风险。

（一）缺乏初级的人力资源管理工具

大公司在人力资源管理方面一般都进入了规范化管理阶段，借助于成熟的实践工具，如网申筛选系统、计算机甄选测试、基于公司内网的员工福利注册登记、内联网信息公告等工具，来减少自己在这些事务性工作上的时间、人员、精力和成本的浪费，将大量工作交付于计算机、大数据或人工智能来完成，从而将精力集中于关键的人力资源管理工作，加强人力资源与业务流程的对接服务，激励并保留住核心员工，创建和谐的员工关系，构建具有特色的企业文化等工作。而中小企业由于资金与发展的限制，往往拥有简单的人力资源管理部门，较少涉及人力资源管理工具的应用，而人力资源管理专业人员也不一定具备非常优秀的人力资源管理实践能力。这样与大公司相比，中小企业就处于不利的竞争地位，可能会产生较差的人力资源管理效果，影响企业绩效。

（二）缺乏职业化的人力资源管理专家

一般而言，100 人以下的企业，企业领导就是人力资源管理工作的总负责人，设少数专、兼职人力资源管理人员；100 ～ 300 人的企业，领导只过问骨干人员任免、奖酬制度设计等重大事项，日常人事业务由行政管理部门负责；而 300 人以上的企业，便需设置专门的人力资源管理职能部门。因而，在大多数规模较大的中小企业中，最多也就只有一两位专职人力资源管理者负责履行各种人力资源管理职能，从招聘到员工报到、培训、绩效考核，支付薪酬，再到员工关系等。这就使中小企业更可能会忽略某些特定领域中的问题，如公平就业法律方面的问题，而这有可能会导致法律或其他方面的问题。

（三）缺乏人力资源管理信息系统

很多中小企业并没有引进先进的人力资源管理信息系统，大多使用手工、纸质文件记录有关人力资源的信息，如员工数据（姓名、地址、工作经历、婚姻状况、培训经历等）、绩效考核表格、薪酬历史数据等，这些信息通常记录在各种不同的人力资源管理表格中。由于中小企业员工流动率较高，人力资源管理部门的交接工作经常不能很好地对接，往往造成很多数据信息的保存不当甚至遗失；同时，每一次员工信息的变化都需要以手工方式修改所有表格，这不及花费时间，导致低效率，而且很容易出错。

（四）面临较高的法律法规方面的风险

由于中小企业的规模较小，且缺乏人力资源管理专家，中小企业经常会面临着法律诉讼方面的风险。比如，大多数中小企业不能提供充足的招聘歧视方面的培训；部分中小企业在员工管理方面，不能很好地执行《劳动合同法》和有关薪酬福利方面的法律法规，如最低工资标准规定，五险一金的规定等，这会给企业带来一定的法律风险或工作场所诉讼。

二、中小企业的人力资源管理模式

中小企业面临着较高风险的人力资源管理环境，在进行人力资源管理活动时，要充分利用所能获取的所有优势，以实施有效的人力资源管理实践，获取竞争优势。事实证明：成功实现高增长的中小企业更加注重培训和开发、绩效考核、一揽子招募计划、员工士气，并且设定了一种有竞争力的薪酬水平。

（一）充分利用互联网与各种政府工具

中小企业的人力资源管理较为简单，缺乏系统性正规化的人力资源管理工具，因而在人力资源管理活动中，要充分利用互联网的功能，借助于政府提供的免费资源，进行宣传沟通、招聘、选拔、培训、绩效考核与薪酬、职业安全与健康等职能活动。

中小企业在撰写工作说明书及建立求职者数据库方面，可以借助互联网资源，如美国劳工部提供的O*NET在线职位系统可以帮助中小企业迅速创建准确、专业的工作描述和任职资格要求。O*NET（occupational information network）系统是一项由美国劳工部组织发起开发的职位分析系统，O*NET系统吸收了多种职位分析问卷，目前已经取代了职业名称词典（dictionary of occupational titles, DOT），成为美国广泛应用的职位分析工具。

随着移动互联网、云计算、社会化媒体等一系列新兴技术与应用模式的涌现，作为互联网在人力资源管理中的主要应用领域，在线招聘已经非常普遍，以互动社交为特征的社会化媒体如博客、微博、微信等也被逐步应用到人力资源招聘领域。大部分中小企业都利用了如智联招聘、应届生求职网等第三方专业招聘平台、专业协会的网站，以及地方行业人才网等发布招聘广告，同时借助于微博微信等社交化媒体实施各种类型的网络招聘，大大提升了招聘效果。此外，中小企业还可以通过购买某些测试供应公司的在线测试服务，对求职者进行在线信息整理、分析和选拔工作，这大大节省了简历收集、筛选、组织安排面试等的时间。

同时，在员工培训、绩效考核、薪酬、职业安全等方面，中小企业一方面可以充分利用政府官网、行业协会、当地中小企业管理局等公共部门提供的各种支持，另一方面也可以以较低的成本从一些专业公司获取各种培训、绩效、薪资水平等数据及资源。

下面以中国中小企业协会和中国中小企业信息网为例进行说明。

中国中小企业协会是全国中小企业、企业经营者自愿组成的全国性、综合性、非营利性的社会团体。协会于2006年12月10日成立，总部设在北京，接受国家发展和改革委员会业务指导和民政部的监督管理。会员由来自不同行业、不同地区的中小企业，关注、支持中小企业发展的大企业，中小企业服务机构和中小企业社会团体等组成。

中国中小企业协会作为国家中小企业公共服务示范平台，为广大中小企业提供投融资交易、培训服务、信用服务、政策研究、中国中小企业节、企业导刊、融资服务、商网分会、国际交流、失信被执行人查询等系列服务。

中国中小企业信息网于 2001 年 8 月正式开通，由当时的国家经济贸易发展委员会主办。

2003 年，随国家机构改革，调整为由国家发展和改革委员会主办，并在国家发展和改革委员会中小企业司的指导下委托中介机构运作。

2008 年，因国家机构调整，国家发展和改革委员会中小企业司进入工业和信息化部，中国中小企业信息网也随之改为由工业和信息化部主办，中小企业司具体业务指导。

中国中小企业信息网目前有 20 多个大型频道，500 多个栏目，每天自主发布大量商业信息，并承担了国家发展和改革委员会举办的成长型中小企业调查、中小企业相关展览、百万中小企业信息化培训等活动。中国中小企业信息网现拥有 30 个省级分站，16 个重点城市分站以及众多的市、县级分站、形成了以总站为龙头、以省市网站为基础、以地市网站为支撑、覆盖全国的网络体系。随着网络的开发和建设，中国中小企业信息网将形成目标一致、品牌一致、上下互通、纵横交错的中小企业服务网站。

中国中小企业信息网通过网上贸易和商业社区的服务平台为中国中小企业提供商业信息发布、网上交易、商业拓展等服务，已经成为国内中小企业关注度最高，访问量最大的服务平台。中国中小企业信息网每日访问量突破 100 万次，全国注册企业会员达到 200 万家。中国中小企业信息网也是中国企业日浏览和关注度最高的信息网站媒体平台，网站的内容及服务已经成为中国中小企业关注重点。网站的浏览人群中有 80% 以上从事经营活动，具有很强的市场参与度。

（二）充分利用中小企业的规模优势

中小企业要充分利用自身的优势，因此在员工管理方面，可以利用规模小的特点。企业规模小，意味着人事关系简单，企业可以对每一个员工的优势、性格、家庭状况、需求、心理变化等很熟悉，因而可以转化为公司人力资源管理方面的相对灵活性和非正式性。

1.简单、非正式的员工选拔程序

前面已经提到，中小企业管理者可以很容易地利用基于互联网的招聘与选拔工具来做好招聘工作，但是总体来看，与大公司相比，中小企业更倾向于采取非正式的员工招聘和选拔方式（如内部员工推荐、非结构化的面试等），而不是耗费大量精力、时间和资源来建立正式的招聘与选拔程序。

比如，"工作样本测试"就是一种技术含量低、且成本不高的选拔方法，在中小企业的中层管理者的选拔中使用频率颇高。工作样本测试是指让求职者完成其申请的职位实际需要完成的各种任务的一些样本，通过把职位所要承担的主要工作职责分解为若干项工作任务，然后让求职者完成其中的某一项任务，比如对于市场营销经理，可以要求他们用一个小时来设计一份广告，或者用半个小时来撰写一份市场研究计划。

2.灵活、非正式的员工培训方法

中小企业通常采取不太正式、成本较低的培训与开发方法。在新员工培训方面，由于招聘的新员工数量较少，且录用的时间并不集中，很多中小企业缺乏系统、正规且周期较长的新员工入职培训活动，大都采取直接上岗、自主学习、在职培训的方式；在管理人员的开发方面，很多中小企业并不系统地监控管理人员的技能和管理需求，相比大公司，中小企业很少制定管理人员开发计划，因为人员流动性较强，中小企业不愿意在管理人员身上进行过多的投资，他们更加关注的是学习与本企业相关的特定能力，而非长期的管理技能。

实际上，中小企业通过非正式的培训计划，也可以达到改进员工的工作知识、技能、方法与态度，只要做好以下几项：报销员工参加某些特定培训课程的学费；寻找各种在线培训的机会；为员工提供各种便捷学习工具，如语音、视频等；鼓励员工分享自己的工作经验；鼓励员工参加一些专门的研讨会和行业协会会议，进行交流学习等。

3.弹性多变的薪酬福利制度

大公司往往提供内容广泛的总体福利计划，而中小企业却通过提供更为灵活的薪酬福利计划来吸引并保留住员工，即弹性多变的薪酬福利制度。由于规模较小的中小企业老板或管理者每天都能与员工进行沟通与交流，彼此之间有更高的熟悉度，有利于培养一种"灵活性"文化，当员工遇到工作和生活之间的冲突时，中小企业可以根据员工的需求做相应的调整，管理者能够提供更多的支持和理解。

如灵活的请假制度（不必像大公司那样履行严格的请假手续，及较为苛刻的请假条件），额外的假期（中小企业的老板有充分的自己决策权，有时候根据企业经营或个人心情，给予员工一些额外的假期，如在周五下午放假），在家办公（允许员工在家办公，或远程办公），压缩工作周（压缩员工每周的工作天数，以享受更长的周末），灵活的奖金制度（企业业绩良好，或签订一笔订单时，老板可能会与员工分享一定的奖金），关键时刻的额外补贴（中小企业老板更可能知道自己员工的生活状态，在员工添子，乔迁之时，可能提供一些特殊的补贴），犒劳员工（员工在某一周工作非常辛苦或取得重大进展时，提供免费的大餐或部门聚餐），工作参与（让员工参与企业的重要决策，直接接触客户，与员工分享公司的绩效及财务成果）等。

4.注重家族企业内部管理的公正性

大多数中小企业都是家族企业，企业老板或多位管理者、员工都是家族成员，在这种情况下，不公正地对待家族成员和非家族成员会破坏员工的公平感和士气。因而，在中小企业管理中，要十分注重内部管理的公正性。包括确定基本原则（在录用员工时，即明确非家族员工在公司的发展前景，晋升机会），公平对待员工（在培训、晋升、工作安排、薪酬、奖金、福利等方面，要对家族成员和非家族成员一视同仁），解决好家族内部矛盾（家族成员必须正视他们之间的分歧并设法解决，避免企业陷入纷争，影响其他员工的工作），消除特权（家族成员在工作方面要比其他员工更遵守规章制度，更加努力工作，通过自己的努力获得晋升）。

（三）利用专业性雇主组织

许多中小企业会选择将所有或大部分人力资源管理职能外包给外部供应商，这些供应商通常被称为专业性雇主组织、人力资源外包服务商、员工租赁公司。中小企业之所以需要这些专业性雇主组织，有以下几点原因。

一是缺乏专业化的人力资源支持。大多数中小企业通常没有专业的人力资源管理人员，或者仅有为数不多的人力资源管理专业人员，因而人力资源管理工作缺乏系统性和规范性。

二是文档性工作占用了中小企业大量的时间与资源。中小企业所有者通常将 25% 的时间用在处理与人事管理相关的文档工作上，包括背景调查、福利等，如果将这部分工作外包，可以节约中小企业成本。

三是薪酬、福利、培训、绩效等人力资源管理活动上，专业性雇主组织更具有专业性。

第四节　初创企业的人力资源管理研究

一、初创企业人力资源管理的相关研究

初创企业一般指刚成立不久、在各种资源方面都比较欠缺的企业，因而初创企业一般都是小微型企业。随着"万众创新，大众创业"战略的大力推进，近年来涌现一大批创业型企业。人力资源是企业的稀缺资源，初创企业的人力资源管理更是一项极其重要的管理工作，特别涉及到初创团队的人员结构，股权架构，绩效管理，风险控制，团队建设，学习成长等方面。

初创企业往往很少设立专业的人力资源管理部门，也很少有学者关注初创企业的人力资源管理问题，因而成熟的人力资源管理理论主要是针对规范的成熟企业。近年来，随着独角兽类型的初创企业得到了更多资源以及资本的关注，初创企业的人力资源管理问题已经得到越来越多的学者和专家的关注，许多学者开始重视初创企业的具体人力资源管理问题。国内有部分学者梳理了创业企业在初创阶段的人力资源管理实践，得出中小创业企业缺乏有效的人力资源管理数据，呼吁学者更多关注初创企业的人力资源管理研究。但后续的大部分研究是将西方成熟的人力资源管理理论直接运用于我国初创企业，缺少针对性。

与成熟企业相比，新创企业具有自身的特殊性，如组织单元较小、进入市场的壁垒较高、人员配置不足、流动性较强等，因而学者们开始关注初创

企业早期的人力资源管理活动，从分析早期的人力资源管理活动来拓展人力资源管理研究的范畴，并进一步和成熟的人力资源管理理论进行对比和验证；同时，由于新的经济形势下，创业和创新的概念不断延伸，企业的内部创业，企业再创业的活动和人力资源管理关系也越来越紧密。Hayton（2005）提出充分利用人力资源管理实践来促进公司创业，公司再创业不能仅仅从人力资源管理单一实践出发，更要及早建立人力资源管理系统以及组织文化。人力资源管理对初创企业以及公司再创业的作用得到更多学者的肯定。Zheng X、Baskin E、Peng S（2018）通过研究，肯定了人力资源管理在企业发展初期的战略作用，并提出初创企业要充分发挥股权激励的重要作用，并建议初创企业尽快建立起清晰的组织架构和人力资源管理规划。茅天元（2017）认为创业企业在初期各方面资源都比较匮乏，许多问题都是初次接触没有经验。在人力资源管理方面要注重内部控制力，发挥出核心人才的价值，优化配置整体的人力资源，并且要建立适合企业自身发展的人力资源模式，让企业在初创阶段就有一个好的底子。陈美娜（2018）提出了创业型企业可以尝试共享型人力资源模型，干政琳（2019）也提出了创业型人力资源管理中股权激励的重要性。胡晓雪（2021）深入分析了创业初期的 N 公司存在的人力资源管理的关键性问题，重点分析了造成公司绩效考核体系和培训体系与战略不匹配的原因，将平衡计分卡理论引入 N 公司的人力资源管理体系，提出 N 公司人力资源管理问题的解决措施。

二、初创企业面临的主要人力资源管理问题

（一）缺乏人力资源管理战略理念，对人力资源管理定位不明确

由于企业在创业期面临的最大问题是生存和发展问题，因而很多初创企业没有设立专门的人力资源管理部门，这是符合实际的。但要注意的是，虽然没有人力资源管理部门的设置，但是初创企业的人力资源管理工作却不容忽视，创业团队必须要树立起人力资源管理的长期发展理念，构建起创业文化。

现实中初创企业没有设立人力资源部，人力资源管理工作由行政部兼任，或者只有一个人力资源管理专员负责，在人力资源管理活动的执行上不

具有独立性，没有发挥出人力资源管理的管理职能和服务职能。同时由于资金相对匮乏，很多初创企业往往更重视销售和生产环节，愿意花大量的资金和精力去投入，但在人才的引进、培养和激励上面投入的财力和精力不足，忽视了人力资源管理工作的重要性。缺乏先进的人力资源管理意识，没有真正意识到企业的核心发展力是人才，吸纳高级人才的条件相对不足，核心人力资源很难定位和搭建。另外，早期管理者主要精力放在企业的生存上，企业可能会忽视企业文化建设，很少通过软文化来提升核心竞争力，这样会使企业发展走一些弯路。

（二）家族文化管理模式的缺陷，缺乏客观公正的选人、用人评价标准

家族企业是一种常见的企业形式。据统计，世界范围内80%以上的企业归属于家族企业。很多初创企业具有浓重的家族文化氛围。家族企业创业初期，企业规模小，其核心成员基本上都是以血缘、亲缘为纽带的家族成员，创业者作为核心拥有天然的家长权威。依靠家长权威的家族式管理即可保证家族企业顺利运转，有助于获取更多的资源，在情感上具有一致的认同感，产生同甘共苦的凝聚力。但是这种家族式的管理模式很难与外部招聘的员工形成有效的协同，甚至有些时候会伤害外部招聘员工的情感。例如很多创始人在企业初创期，会把财务、市场等关键职位留给自己的亲戚，从长期发展来说不利于最有效的发挥人力资源，反而会让企业在内耗上大伤元气。

在另一重要环节——人才的选拔上，初创企业对自身的认识不全面，没有建立一套符合自身情况的人才选聘与评价标准，误以为企业起步阶段只要可用的人都可以胜任，片面地侧重人员的技能，没有关注和发掘员工的潜能，往往考虑员工是不是具有立即上手的工作能力，没有仔细地综合考量员工的应变能力、适应能力以及学习能力等，同时还会忽略员工的道德品质和修养，造成员工和实际岗位的不匹配，没有坚持企业的具体标准，影响了企业的后续发展。

（三）创始人的管理素质有待提高，人力资源缺少规范化管理

初创企业的创始人大多是某个领域的技术专家，往往只关注技术的质量以及技术的更新，而在领导者需要的创新精神、战略规划和管理才华上一般

会有所欠缺，因而在人力资源管理方面缺少经验，容易忽略公司整体的人力资源管理。同时，创始人的个人风格也很容易影响整个初创企业的文化风格，相对来说全能的创业者是少数，那么创始人一方面需要认识自己的不足并不断提高，另一方面还需要相应的人力资源管理方面的同伴给与帮助。

初创企业很少设立正式的人力资源管理部门，企业的管理者往往对人力资源不够重视，会把一些运营和市场等活动放在最前面。初创企业很少会制定科学的绩效评价体系，往往通过主观的一些因素来确定员工的绩效，对应职位的相关薪酬制度也是有很大的随意性，难以将薪酬和绩效有效地结合，难以形成科学的薪酬机制和奖罚措施。与此同时，初创企业在招聘人才时也没有太多的规划，有些时候还会采取非正规化的途径，甚至多是通过熟人推荐，而没有一个科学的人才筛选方案。另外，初创企业往往会忽视培训体系的重要性，成熟企业一般都会有非常科学的培训机制以及梯队建设，初创企业虽然不能一一效仿，但是还是要组织有效的培训，适当的采取灵活的方式激励员工。

（四）股权架构设置不合理，缺乏凝聚力的企业文化

初创企业的资金匮乏，对于创业团队往往采取长期激励方法，即分配股权的方法，初创企业应当以协议、合同的形式确定一个清晰的利润分配方案。但是初创企业在股权设置上经常会出现各种问题，如股东单一，平均分配股权，股权结构模糊等。初创企业的股东可能因为互相感情的认可进而合作成立企业，在创业初期设置的股权结构不合理，可能会影响后期的长期合作，影响股东和团队管理者之间的关系，例如职责不明确以及决策计划很难有效执行。

大部分初创企业的创始人往往意识不到企业文化的重要作用，或者没有企业文化的意识，这样整个企业文化就很松散，很难成为推进企业发展的动力。员工在没有企业文化的企业工作，往往满意度不高，很难找到自己的目标以及归属感，企业缺乏一股前进的向心力。这样人才的潜能难以发挥，企业的战略难以实施，人力资源的作用更加难以发挥，长期来看企业和个人都会容易迷茫，失去动力，发展也会大受影响。

三、初创企业的人力资源管理策略

（一）提升企业人力资源管理意识，推进人力资源管理的专业化

初创企业管理者需要提升自身素养，树立以人为本的理念，增强初创企业对优质人才的吸引力。一般来说，初创企业因自身资源的有限性，不足以支付员工相应额度的现期收入与固定收入，因而可以考虑用远期收入与风险收入的方式来吸引优质人才，如股票期权、投资入股等。其次，初创企业规模相对较小，分工一般较为灵活，可以通过重视员工职业生涯规划这种方式，把员工的发展与企业的成长进行有机结合。最后，充分发挥创业者的人格魅力、影响力以及创造力，用情感留住人，进而增强员工的忠诚度。

初创企业可以设立专职专人或采取人力资源管理外包的方法进行专业化的人力资源管理。专职专人的优势主要在于所制定的人力资源计划在工作中可符合企业的实际利益，能及时应对突发情况的发生，而选择人力资源外包的方式，可以使企业把业务重心放在产品的业务上，不需在具体细节上耗费过多的时间和精力。

（二）制定长期的人力资源管理发展战略，注重人力资源管理的持续开发

初创企业的人力资源管理工作，必须做出长远的发展规划，让求职者看到企业的发展前景与壮大的信心，吸引精英人才的加盟。因而初创企业的人力资源管理规划需充分结合行业发展和实际运行的环境，在不同阶段使用不同的用人机制，为员工提供自由、灵活的工作方式并实现自我价值。

同时，初创企业要制定相对系统性的培训计划。特别是科技型初创企业员工趋于年轻化，为了应对多变的市场环境，初创企业应确保员工技能的快速成长，加强对员工的定期培训，提高员工的专业技能。所有员工都必须充分了解自身职业发展规划，明确自身目标，感觉到自己受到公司的重视，这样才能进一步提高员工归属感。

（三）注重精神激励，建立奖惩分明的激励政策

在初创企业人力资源管理过程中，激励政策的制定对员工的积极性和劳

动生产效率起着关键性的作用。初创企业在刚起步阶段，生产经营压力较大，在该阶段，暂时无法发放具有竞争力的薪资，针对该特点，需要制定灵活的激励策略，更侧重实行精神上的激励，如实行弹性工作制、组织团建、开展文化活动等，注重目标激励、工作激励、自主管理等方式的运用，明确企业发展目标与个人发展目标，围绕目标引导帮助员工树立良好的工作价值观，做好员工情绪疏导，同时加强员工自主管理，培育主人翁意识，实现企业高效运作。

在进行薪酬制度设计时，初创企业着重利用风险收入和长远收入进行人才的吸引，规避固定收入这一弱项，结合企业自身实际情况，选择适宜的方式，保证人才的激励与获取，务必将公司与核心员工的长远利益进行绑定与结合。在物质激励方面，对于核心员工初创企业可采用股权激励的方式，同时侧重职位的给予，其他人员可重点使用报酬激励的方式，采用不同的激励形式，有利于发挥不同层级人员的工作积极性，最大程度发挥人力作用。

（四）重视企业文化建设，打造命运共同体

初创企业需要格外重视人文因素，企业文化在初创企业里起着举足轻重的作用，是企业的灵魂所在，它可以提供强大的内在驱动力，为企业指明前进的方向，对员工的号召有一定的作用，所以，为提升初创企业团队的凝聚力、向心力，初创企业务必要因地制宜地打造属于自身的企业文化。

通过企业文化建设，初创企业不仅能构建清晰的经营哲学，而使企业有利于吸引外部投资机构及合作资源。专业投资者除了看商业模式、行业前景外，最看重的就是创业团队背后的经营逻辑及价值观。此外，初创期的团队构成通常较为复杂，团队成员因学历、年龄、从业经历等方面的不同，会产生各种各样的矛盾和摩擦。而通过企业文化建设，创业期团队成员拥有共同信奉的核心价值观，能有效消除管理者乃至不同部门之间在日常工作中的矛盾、并达成一致行动。

第二章　中小企业的
人力资源管理外包

第一节 外包的相关概念

一、外包的定义

所谓外包，英文名为"outsourcing"，直译为"外部资源"，是指在企业外部寻找资源来完成企业内部的工作。外包这种管理模式早在20世纪60年代的美国就开始出现了，但真正发展为业务外包是在20世纪80年代以后，当时由于产业空洞化和国际竞争力的下降，美国企业纷纷致力于企业重组，在这个过程中不少企业将业务委托给外部企业。后来1990年，美国学者普拉哈拉德和哈默尔在其《企业核心能力》一文中正式提出业务外包概念。

普拉哈拉德和哈默尔认为，外包是指企业基于契约，将一些非核心的辅助性功能或业务外包给外部的专业化厂商，利用他们的专长和优势来提高企业的整体效率和竞争力。通过实施业务外包，企业不仅可以降低经营成本，集中资源发挥自己的核心优势，更好地满足客户需求，增强市场竞争力，而且可以充分利用外部资源，弥补自身能力的不足，同时，业务外包还能使企业保持管理与业务的灵活性和多样性。

外包最初应用于信息系统技术行业，后来发展扩大到生产、销售、研发、物流、人力资源等行业。基于对相关文献的梳理和总结，外包实际上是一种管理模式，这种模式是企业针对内部资源有限的实际情况，仅保留最有竞争优势的核心资源，其他资源则利用外部的专业化资源进行优化配置与整合。

二、外包的优势

外包是近十几年发展起来的一种新的企业经营模式，其实质是企业重新配置各种资源，将资源集中于自己最擅长或利润最大的领域，而将非核心领域外包给外部专业组织，集中塑造自己独特的、难以被其他企业模仿或替代的核心业务，构筑自己的竞争优势，获得使企业持续发展的能力。

简单来讲，外包具有以下优势。

第一、外包能够使企业专注于核心业务。

企业实施业务外包，可以将非核心业务转移出去，借助外部资源的优势来弥补和改善自己的弱势，从而把主要精力放在企业的核心业务上。根据自身特点，专门从事某一领域，某一专门业务，从而形成自己的核心竞争力。

第二、外包能使企业提高资源利用率。

实施业务外包，促进企业将有限的资源和能力资源集中到核心业务上，创建和保持长期竞争优势，进而加速了企业对外部环境的反应能力，强化了组织的柔性和敏捷性，提高了企业的竞争水平。

第三、外包能使企业降低成本，降低企业风险

有效的外包可以节省资金和风险，风险转接到生产企业，是做品牌公司的必经之路。

下面以耐克的虚拟生产模式为例进行介绍。

1972 年，菲尔·奈特创立了耐克公司，并迅速将其打造为全球体育用品行业领先品牌。1975 年，为降低生产成本，耐克将日本的生产线转移至人力成本较低的韩国与中国台湾地区，后又扩大到印尼和中国大陆。奈特在 20 世纪 70—80 年代推行的这种"轻资产运营"模式，如今已经成为全球体育用品商业主流业务模式，对此，菲尔·奈特曾表示："想要打败耐克，唯一的办法就是全面而准确地模仿我们，然后再找出不同点来各个击破。"

有一则家喻户晓的耐克神话形象地描述了这种模式：在美国俄勒冈州的比弗顿市，四层楼高的耐克总部里看不见一双鞋，员工们只忙着做两件事：一件事是建立全球营销网络，另一件事是管理它遍布全球的公司。不用一台生产设备，耐克总公司缔造了一个遍及全球的帝国。一双耐克鞋，生产者只能获得几个美分的收益，而凭借其在全球的销售，耐克总公司却能获得几十甚至上百美元的利润。

这种"轻资产运营"模式就是著名的虚拟生产模式，将产品制造和零售分销业务外包，自身则集中于设计开发和市场推广等业务；市场推广主要采用产品明星代言和广告的方式。这种模式可以降低公司资本投入，特别是生产领域内大量资产投入，以此提高资本回报率。

采取这种虚拟经营模式，主要有以下几个流程：首先要确定企业的核心竞争优势，并把企业内部的智能和资源集中到那些具有核心优势的活动

上，然后将剩余的其他企业活动外包给最好的专业公司。虚拟企业中的每一团队，都位于自己价值链的"战略环节"，追求自己核心功能的实现，而把自己的非核心功能虚拟出去。如波音——世界最大的飞机制造公司，却只生产座舱和翼尖。业务外包的虚拟化合作方式，不仅使得企业不同产品生产的成本趋于较低、效率提高，而且还可以推动企业不断顺应市场需求嬗变的态势，降低风险，从而营造企业高度弹性化运行的竞争优势。

三、外包的分类

根据不同的标准，可以将外包划分为不同种类。

（1）根据业务活动的完整性，可分为整体外包和部分外包。所谓整体外包，是指企业将业务的所有流程，从计划、安排、执行以及业务分析全部外包，由外部供应商管理整个业务流程，并根据企业的需要进行调整。而部分外包，指企业选择将业务的一个或几个组成部分外包给外部服务供应商。

如人力资源的整体外包，是指企业将整个人力资源管理部门的所有业务流程，外包给外部专业人力资源服务公司；而部分外包，则是企业根据需要将劳资关系或员工招聘等一个或几个板块，外包给外部供应商。

（2）根据业务职能的不同，可分为生产外包、销售外包、供应外包、人力资源管理外包、信息技术服务外包、研发外包与客户关系外包等。根据核心能力观点，企业应集中有限资源强化其核心业务，对于其他非核心职能部门则应该实行外购或外包。

（3）根据合作伙伴间的组织形式，可分为无中介的外包和利用中介服务的外包。在有中介的外包模式中，厂商和外包供应商并不直接接触，双方与中介服务组织签订契约，由中介服务机构去匹配交易信息，中介组织通过收取佣金获利。这种外包模式可大大降低厂商和外包供应商的搜索成本，提高交易的效率。如麦当劳在我国许多城市的员工雇佣就是采用这种模式。

而在无中介的外包模式中，厂商和外包供应商可以借助于互联网络进行，如美国 CISCO 公司将 80% 的产品生产和配送业务通过其"生产在线"网站实行外包，获得 CISCO 授权的供应商可以进入 CISCO 数据库，得到承包供货的信息。

第二节　人力资源管理外包的概念与优势

一、人力资源管理外包的定义

随着以经济全球化和因特网为特征的新经济时代的到来，产品日新月异而生命周期加速缩短，企业面临着更加激烈的竞争。为了适应更加快速的技术革命，迎接知识经济的挑战，参与世界竞争，许多企业都积极进行组织结构及管理方式的变革和创新，努力朝着柔性化、扁平化、虚拟化的方向发展。"人力资源管理外包"正是在这样的社会大背景下应运而生的，帮助企业提高效率、赢得竞争优势的一种新型管理模式。

人力资源管理外包并非人力资源管理和外包两种意义的单纯组合。人力资源管理外包（HRO），是指企业为了减少成本，集中精力聚焦核心战略领域，更经济、更有效地解决人力资源方面的工作，根据自身状况，有策略地借助外部资源，将某一项或几项人力资源管理工作流程或管理职能外包出去，由第三方专业的人力资源外包服务机构或公司进行管理，以降低经营成本，实现企业效益的最大化。"人力资源"在"人力资源管理外包"中的含义扩大为"人力资源活动所涉及的工作"。一般来说，企业把原来由自己做的一些非核心的、重复性的人力资源管理工作交由专业的外包服务商来完成，而一些战略性的职能则保留在本企业内部实施。

这种企业分工管理模式涵盖三个方面的内容：一是企业必须将组织内的部分或全部人力资源管理工作有选择地进行外包；二是外包的人力资源管理工作必须由专业的服务商来完成，这些外包服务商必须具备一定的资质和水平；三是外包的目标是企业效率和利益的最大化，因而企业与外包服务商需要通力合作。

二、人力资源管理外包的优势

（一）增强核心竞争力

在激烈竞争的情势下企业没有过多的精力去关注企业价值链的其他环节。人力资源外包帮助人力资源管理部门从繁重的重复性事务中解脱，对公司的如招聘员工、新员工培训、工资发放、人事档案管理等转交给社会上的专业服务公司或顾问人员，而将资源和精力专注于核心的战略性工作，从而提升人力资源管理的高度和核心竞争力。

（二）降低成本和风险

人力成本成为企业费用的一个重要组成部分，通过人力资源外包可以减少分配在行政性、事务性、非经常人力资源活动上的专门的人力资源，从而降低人力资源管理的开支。在美国，一个典型的组织中，平均每年用在每个员工身上与人力资源管理事务有关的开支约为1500美元，效率较低的公司这项开支是此数目的2～3倍。对企业来讲，从外包供应商那里获取人力资源方面信息和高质量的服务，远比企业自身拥有庞大繁杂的人力资源管理队伍更能节约成本和赢得对公司更大的价值。

（三）提高人力资源管理质量

当企业的人力资源部门无力、不擅长或不便于满足某些要求时，将业务外包给社会上的专业服务公司或顾问人员是必然的选择。PEO公司和"临时"雇员公司可以帮助企业突破逐渐老化的管理模式，制定清晰的工作说明书和岗位规范，将员工考核记录及时归档，管理员工进出记录，建立人力资源管理信息系统，从而帮助企业规范操作，建立完善的人力资源管理制度。

（四）有助于企业留住优秀员工

人才安全问题已经成为企业人力资源管理过程中一个不可忽视的问题，如何留住关键性人才是企业发展所面临的最大挑战。优秀的外包供应商（PEO公司）通常拥有人力资源管理各方面的专家，他们能够建立起一整套可以普遍适用于多家企业的综合性专业知识、技能和经验，为客户公司提供更为有效的人力资源管理工作。这些外部工作者了解员工的需求，能够提高员工的综合待遇，从而增加员工满意度，员工流失率自然就会下降。

三、人力资源管理外包的风险

在我国，大多数中小企业人力资源管理水平较低，人力资源管理外包还处于初级阶段。

我国的中小企业在人力资源管理外包过程中存在的风险如下。

（一）信息安全方面的风险

我国现阶段人力资源管理外包服务商普遍存在质量参差不齐、专业化程度低、素质差异大等方面的问题。企业在将人力资源职能工作外包后，为了便于服务商了解和熟悉其实际情况，制定更加契合其特点和满足其需求的人力资源管理方案，往往会向服务商披露大量信息，甚至包括市场、技术等方面的商业机密。一旦这些信息被泄露，企业将处于非常危险的境地。企业信息泄露的原因主要有两个：一个是外包服务提供商受到利益的诱惑，向竞争对手泄露信息；另一个是外包服务商在无意识的情况下泄露企业信息，这主要是由于人力资源的特殊性导致的。

（二）管理失控和自身创新能力下降的风险

通过人力资源外包，企业可以在短期内获得竞争优势，但从长远来看，会损害企业的发展，主要有两个原因：一个原因是外包服务提供商为企业提供专业化服务的过程中，将逐步成为支持与推动企业进步的重要力量。但对于企业来说，服务商越重要它就会越依赖于服务商。而过度依赖会导致企业将外包的职能工作置之度外，放而不管，这就可能造成企业对人力资源管理的失控。另一个原因是过度依赖还会使企业丧失学习和职能工作改进的动力，导致自身创新能力下降，使企业缺乏柔性与变革力。

（三）企业文化冲突带来外包失败的风险

企业文化是企业在长期的经营过程中形成的自己独特的价值观念。企业在与外包服务商进行合作的过程中必然会产生两种文化的碰撞和融合。如果服务商没有深刻了解企业的文化，不能提供适应企业文化要求、与员工价值观念相符的服务，就不能使两种文化在碰撞的过程中有效地融合，这就会造成服务商"水土不服"，导致其无法与企业进行良好的协调和沟通，甚至会造成外包失败。

（四）成本估计错误带来的外包绩效降低的风险

利用服务商的专业化与规模效应降低成本是企业人力资源外包最原始的动机。但是在做出外包决策前，一些企业未能对自身的成本进行准确的预测。究其原因主要是企业仅对显性的成本进行了全面的解释和分析，但对于一些隐性的成本如选择、监管服务商的成本，与服务商开展合作需要进行的实地调查、信息交换的成本等重视不够。低估隐性成本直接会造成对外包成本的错误估计，从而导致降低外包绩效的风险。

第三节　人力资源管理外包的内容

"人力资源活动所涉及的工作"首先包含了人力资源及其载体——人，其次也包含了围绕人力资源载体所产生的各种事务——人事，还包含了针对人力资源开展的各种管理活动——人力资源管理职能。

在这个基础上，人力资源管理外包可以分为三个模块：人力资源及人的外包、人事事务外包、人力资源管理职能外包。我们通常将人力资源（及人）的外包用专业术语"人力资源派遣"来称呼。

一、人力资源派遣

人力资源派遣又称人才租赁，劳动合同法称劳务派遣，是人力资源外包的一种，为当今西方发达国家普遍采用；即企业将人力资源管理中非核心部分的工作全部或部分委托人才服务专业机构管（办）理，但托管人员仍隶属于委托企业。

人力资源派遣的形式主要有两种：一种是按一定期限租赁人员；另一种是以完成某个工作项目为准租赁人员。派遣（租赁）人员的来源：一是单位现有的人员；二是委托人才服务机构招聘的人员。

这一用人方式最早起源于日本、美国。它的特点是劳务派遣企业"招人不用人"，用人单位"不招人用人"，这种招聘和用人相分离的用人模式，是国际上十分流行的用工形式，可跨地区、跨行业进行。用人单位可以根据自身工作和发展需要，通过正规人力资源派遣服务机构，派遣所需要的各类人员。实行劳务派遣后，实际用人单位与劳务派遣组织签订《劳务派遣合同》，劳务派遣组织与劳务人员签订《劳动合同》，实际用人单位与劳务人员签订《劳务协议》，双方之间只有使用关系，没有聘用合同关系。

人力资源派遣主要集中在以下行业：加工制造业（电子、食品、印刷）、电信通讯业（电信、移动）、金融服务业（银行、保险、证券）、能源行业（石化、电力）、市场促销（手机、电器、房地产、快速消费品）、机关事业单位的协助岗位和一些外资跨国企业的前台行政文员。

以下为新《劳动合同法》中关于劳务派遣的规定。

2012 年 12 月 28 日第十一届全国人大常委会第三十次会议通过了《劳动合同法（修正案）》，这是《劳动合同法》自 2007 年 7 月颁布以来第一次修改，修改的内容聚焦在劳务派遣上。其中，劳动合同法主要就以下 3 点进行了修正和规定：

劳务派遣业务经营门槛提至 200 万元；

落实劳务派遣劳动者同工同酬；

劳务派遣不能成为用工主渠道。

第二节　劳务派遣

第五十七条 经营劳务派遣业务应当具备下列条件：

（一）注册资本不得少于人民币二百万元；

（二）有与开展业务相适应的固定的经营场所和设施；

（三）有符合法律、行政法规规定的劳务派遣管理制度；

（四）法律、行政法规规定的其他条件。

经营劳务派遣业务，应当向劳动行政部门依法申请行政许可；经许可的，依法办理相应的公司登记。未经许可，任何单位和个人不得经营劳务派遣业务。

第五十八条 劳务派遣单位是本法所称用人单位，应当履行用人单位对劳动者的义务。劳务派遣单位与被派遣劳动者订立的劳动合同，除应当载明本法第十七条规定的事项外，还应当载明被派遣劳动者的用工单位以及派遣期限、工作岗位等情况。

劳务派遣单位应当与被派遣劳动者订立二年以上的固定期限劳动合同，

按月支付劳动报酬；被派遣劳动者在无工作期间，劳务派遣单位应当按照所在地人民政府规定的最低工资标准，向其按月支付报酬。

第五十九条　劳务派遣单位派遣劳动者应当与接受以劳务派遣形式用工的单位（以下称用工单位）订立劳务派遣协议。劳务派遣协议应当约定派遣岗位和人员数量、派遣期限、劳动报酬和社会保险费的数额与支付方式以及违反协议的责任。

用工单位应当根据工作岗位的实际需要与劳务派遣单位确定派遣期限，不得将连续用工期限分割订立数个短期劳务派遣协议。

第六十条　劳务派遣单位应当将劳务派遣协议的内容告知被派遣劳动者。

劳务派遣单位不得克扣用工单位按照劳务派遣协议支付给被派遣劳动者的劳动报酬。

劳务派遣单位和用工单位不得向被派遣劳动者收取费用。

第六十一条　劳务派遣单位跨地区派遣劳动者的，被派遣劳动者享有的劳动报酬和劳动条件，按照用工单位所在地的标准执行。

第六十二条　用工单位应当履行下列义务：

（一）执行国家劳动标准，提供相应的劳动条件和劳动保护；

（二）告知被派遣劳动者的工作要求和劳动报酬；

（三）支付加班费、绩效奖金，提供与工作岗位相关的福利待遇；

（四）对在岗被派遣劳动者进行工作岗位所必需的培训；

（五）连续用工的，实行正常的工资调整机制。

用工单位不得将被派遣劳动者再派遣到其他用人单位。

第六十三条　被派遣劳动者享有与用工单位的劳动者同工同酬的权利。用工单位应当按照同工同酬原则，对被派遣劳动者与本单位同类岗位的劳动者实行相同的劳动报酬分配办法。用工单位无同类岗位劳动者的，参照用工单位所在地相同或者相近岗位劳动者的劳动报酬确定。

"劳务派遣单位与被派遣劳动者订立的劳动合同和与用工单位订立的劳务派遣协议，载明或者约定的向被派遣劳动者支付的劳动报酬应当符合前款规定。"。

第六十四条　被派遣劳动者有权在劳务派遣单位或者用工单位依法参加或者组织工会，维护自身的合法权益。

第六十五条 被派遣劳动者可以依照本法第三十六条、第三十八条的规定与劳务派遣单位解除劳动合同。

被派遣劳动者有本法第三十九条和第四十条第一项、第二项规定情形的，用工单位可以将劳动者退回劳务派遣单位，劳务派遣单位依照本法有关规定，可以与劳动者解除劳动合同。

第六十六条 劳动合同用工是我国的企业基本用工形式，劳务派遣用工是补充形式，只能在临时性、辅助性或者替代性的工作岗位上实施。

前款规定的临时性工作岗位是指存续时间不超过六个月的岗位；辅助性工作岗位是指为主营业务岗位提供服务的非主营业务岗位；替代性工作岗位是指用工单位的劳动者因脱产学习、休假等原因无法工作的一定期间内，可以由其他劳动者替代的工作岗位。

用工单位应当严格控制劳务派遣用工数量，不得超过其用工总量的一定比例，具体比例由国务院劳动行政部门规定。

第六十七条 用人单位不得设立劳务派遣单位向本单位或者所属单位派遣劳动者。

二、人事代理

人事代理，是一种人力资源外包形式，是与社会主义市场经济体制相配套的新型人事管理模式，是指由政府人事部门所属的人才服务中心，按照国家有关人事政策法规要求，接受单位或个人委托，在其服务项目范围内，为多种所有制经济尤其是非公有制经济单位及各类人才提供人事档案管理、职称评定、社会养老保险金收缴、出国政审等全方位服务，是实现人员使用与人事关系管理分离的一项人事改革新举措。

从人事代理的对象来看，可分为单位委托代理和个人委托代理，可全权委托代理，也可单项或多项委托代理。

目前我国常见的人事代理服务内容如下。

◎ 政策咨询与规划。向委托代理单位提供国家人事工作方面的法律、法规和政策规定的咨询服务；协助委托单位进行人事规划设计，建立新型人事管理制度；帮助委托单位解决人事工作中的问题。

◎ 人才招聘引进。根据委托单位工作和发展对人才的具体要求，代拟和代发人才招聘启事，组织报名、考试、考核。素质测评工作，提出初选名单。根据单位的特殊需求，向省内外、国外招聘引进人才。

◎ 应届毕业生人事代理。为委托单位提供应届毕业生就业政策咨询，申报应届大中专毕业生需求计划，为接收的大中专毕业生接转档案，办理转正定级手续。

◎ 代办专业技术职称申报评审手续。为委托单位专业技术人员和管理人员办理专业技术职务资格申报及资格考试报名、晋升推荐手续，组建相应评审委员会，负责对部分专业技术职务进行资格评审与评议推荐工作。

◎ 人事档案管理。按照有关政策规定，管理委托单位专业技术人员、管理人员的人事档案、考绩档案，为委托代理人员保留原有身份、计算工龄、调整档案工资、接转党团员组织关系、办理出国（境）政审手续、代办集体户口落户、出具以档案材料为依据的有关证明。

◎ 办理在职流动人员人事关系接转手续。根据单位工作需要，为聘用人员接转人事关系、党团员组织关系等；为合同期满流动者，办理人事关系转出手续。

◎ 聘用合同鉴证。按照有关规定，办理聘用专业技术人员、管理人员的合同鉴证。

◎ 协调专业技术人员流动争议。受人才流动争议仲裁机构的委托，受理专业技术人员、管理人员流动争议申请，进行调查、取证，根据有关规定进行调解或提交仲裁。

◎ 开展岗位及专业技能培训。根据单位对人员素质和技能的要求，进行岗位知识及专业技能培训，为单位代培中、长期专业人才。

◎ 按照有关协议，向社会推荐委托单位的辞聘、解聘人员重新就业。

◎ 代办失业、养老保险。按照国家和我省有关规定，为委托单位代管人员代办失业、养老保险。

◎ 为委托单位承办其他人事管理事宜。

◎ 对个人委托的人事代理，可参照上述人事代理内容提供代理服务。

三、人力资源管理职能外包

人力资源职能外包渗透到企业内部的所有人力资源职能工作，包括人力资源规划、制度设计与创新、流程整合、员工满意度调查、薪资调查及方案设计、培训工作、劳动仲裁、员工关系、企业文化设计等方方面面。

在这些管理活动中，并非所有的工作都可以外包出去，那些企业管理中涉及企业文化和企业战略的工作或具有企业个性的工作依旧由企业内部完成，通常人们会在招聘、培训、绩效和薪酬福利模块寻求部分工作外包。在招聘管理中，众多的招聘网站、猎头机构、测评公司都是这一模块的外包服务提供商。而培训管理上，社会上主要提供培训课程，培训需求调查、培训计划、培训效果评估通常由企业内部完成。绩效和薪酬这两个模块，社会上主要提供制度设计和咨询的外包服务。

中小企业人力资源管理外包的内容，根据人力资源管理职能的划分，主要包括以下6项。

（一）员工招聘

员工招聘是企业获取人才、保持人力资源活力的重要途径，员工招聘包括工作分析、招聘计划审批、招聘方案设计、招聘信息发布、简历筛选、笔试、面试、招聘效果评估等流程。企业，特别是中小企业往往采用招聘外包的方式，将全部或部分招聘、甄选工作委托给第三方的专业人力资源公司，如收集简历、筛选简历、安排面试时间地点、组织实施面试等事务性工作。专业人力资源公司利用自己在资源平台、评价工具和流程管理等方面的优势来完成招聘工作。

（二）员工培训

员工培训作为人力资源开发主要任务之一，是员工适应经济社会发展和市场需求的重要手段。员工培训主要包括培训需求分析、培训计划制定、培训内容设计、培训讲师选择、培训实施与评估等。为了更好地提升员工的知识、技能，加强团队凝聚力，许多中小企业借助于第三方机构进行培训。外包培训是指将培训的某些职能外包出去，包括制定培训计划、设计课程体系、培训对象安排等，这样可以利用外包公司的优秀师资、信息、专业培训技巧等，降低培训成本。如通用公司的克劳顿商学院就承接其外部企业的各项培训项目。

（三）薪酬管理

薪酬管理主要包括薪酬结构设计、市场薪资调查、薪酬核算、个人所得税扣缴、公积金扣缴和薪酬发放等内容。与薪酬有关的税务和法律条款的不断变化耗费了中小企业人力资源管理部分大量的时间和精力，中小企业将薪酬管理进行外包变得越来越普遍。外包公司一般掌握着地区、行业内的薪资数据，且他们在市场薪资调研方面更具有优势，因而将中小企业的薪资职能外包给人力资源公司，可以节省成本，且保证薪资制度的合理性。

（四）福利管理

如今，随着员工对福利需求的多样化、个性化，企业能否提供有足够吸引力的福利待遇成为企业吸引和保留人才的有效手段。企业将福利的规划与管理交给专业咨询公司，由服务商对员工福利需求开展深入调查和分析，定期对每位员工的需求变化情况进行了解。一方面会提高效率，享受规模经济；另一方面，会降低企业的经营风险。

（五）劳动关系管理

在企业人力资源管理的所有工作中，劳动关系管理是最简单但琐碎的工作，它直接面向每一位员工。劳动关系管理的内容包括入职手续办理、档案管理、户口关系管理、人力资源相关信息查询、政策法规咨询、员工投诉处理、离职手续办理、劳动争议调解与仲裁等。企业往往将有关投诉处理、劳动争议调解等的工作外包给专业咨询公司，以提高工作的及时性、规范性和专业性。

第四节　中小企业人力资源管理外包的注意事项

一、人力资源管理外包在中国的发展历程

人力资源管理外包在中国起步稍晚，但是发展速度非常快。中国人力资源管理外包服务行业最早可以追溯到改革开放初期，1980 年国务院出台了《关于管理外国企业常驻代表机构的暂行规定》，强制性规定了外国企业常

驻代表机构应当委托政府指定的外事服务单位办理中方工作人员聘用手续，经历了最开始的萌芽期，到起步、发展期，直至最后的规范期。

（一）萌芽期：一种政府行为管理

从 20 世纪 80 年代初期到 80 年代末，大约十年期间，是中国人力资源外包行业的萌芽期。

1979 年 11 月，在北京成立了中国人力资源外包行业的第一家企业——FESCO，即现在的北京外企人力资源服务有限公司。此期，人力资源外包在中国以类似人力资源派遣的"提供中方雇员"方式为中国人力资源外包行业积累着宝贵的经验，为后来人力资源外包行业的起步和发展奠定了人才基础。现今中国人力资源外包服务领域的行业巨子 FESCO 和上海外服便是起步于此阶段的外事服务单位。

（二）起步期：人事外包揭开面纱

从 20 世纪 90 年代起到 90 年代末，是中国人力资源外包行业的起步期。

此阶段，"提供中方雇员"继续着它的发展；另伴随着改革开放的步伐，民营企业和外资企业相继出现，人才也开始小范围流动，各地人才交流中心和职业介绍中心开始为民营企业和外资企业提供基于人事档案的劳动用工手续的服务，人事事务外包终于揭开了它的面纱。

此外，由于外资企业进入和先进西方人力资源管理理念的引进，我国部分企业从人事管理概念转入人力资源管理的概念，特别一些发展快速的高科技企业投入了大量资金和精力打造自己的人力资源管理体系，此过程造就了一批人力资源管理实践专家，这些人利用自己的专业知识和实践经验纷纷成立了人力资源管理顾问公司，开始推动中国人力资源管理职能外包市场。从华为走出来的中华英才网总裁张建国便是这一过程的典型例子。可喜的是，在这一阶段中后期，由于国有企业改革、职工下岗，出于下岗职工就业的需要，真正市场运作的人力资源派遣开始应运而生。

（三）发展期：逐步出现细分市场

从 21 世纪起，中国人力资源外包行业进入一个发展期。

人力资源管理职能外包先行一步，不但向规范化、专业性发展，还出现了市场细分，例如专业招聘网站：中国人才热线。例如薪酬数据咨询顾问：外企太和。例如人才测评机构：上海人才有限公司。人事事务外包由于众多跨国企业在华业务的发展、分支机构和人数的增多，纷纷开始由其在华总部牵头，将其人事事务统一外包出去，例如 IBM、微软、GE、西门子、西安杨森等。

人力资源派遣在这之前完成了初步探索，各个专业人力资源派遣机构露出"尖尖角"，官方和民间开始有组织的对人力资源派遣进行经验总结和理论研究，各个地方相继出台了一些相关发法规，行业协会的成立也开始提上议程。

（四）规范期：规范专业赢先机

人力资源外包行业会向规范、有序的方向发展。市场的优胜劣汰会促使人力资源外包行业重新洗牌。能够提供有竞争力的价格，削减原有成本的承诺，并能带来独特的优势，以及拥有长期的成功服务记录，这些都将推动人力资源外包行业有序、规范的发展。人力资源外包服务机构也将从服务的深度和广度上体现专业优势。

今后中国的人力资源外包行业，必将淘汰掉那些缺乏专业规范的中小型服务机构，留下的是具有专业优势的人力资源服务商。

二、中小企业在选择做人力资源管理外包时应注意的问题

30 多年来，中国人力资源外包服务市场发展十分迅猛，年增长率达到 15%。在我国劳动合同法修订和中长期经济增速下滑的影响下，中国的人力资源外包服务市场开始进入规范发展阶段。IDC 预计，中国人力资源外包服务市场的规模在 2017 年将达到 42.364 亿美元。

我国的中小企业，很多都没有人力资源部，即使有，也就一到几个人单一负责人力资源的部分功能，缺乏系统的人力资源战略管理制度，不能为员工提供完备的福利待遇和培训机会，更没有战略性人力资源规划，因而面临着优秀员工招聘困难、关键人员流失严重、员工满意度低下、人力成本不断增加等难题。如果我国的中小企业采用人力资源外包，就可以借助外部资源，大幅度提高自身人力资源管理水平，并专注业务拓展，增强市场竞争

力。当然人力资源外包也是有风险的，特别是对于各方面制度都不完善的中小企业来说，如果处理不当，不仅会造成人力资源管理的一定混乱，而且还可能引发新问题。

我国中小企业在选择做人力资源外包时，应该注意以下四点。

（一）功能选择性外包

人力资源工作，包括岗位需求分析、人才招聘、人才培训、绩效考核、薪酬福利、员工关系、员工发展、人才配置等几大方面的内容。其中的很多方面都是人力资源的基础性事务工作，完全可以外包出去。譬如目前很多企业都已经把人才招聘外包出去，而档案管理、考勤记录、工资发放、薪酬福利的外包也呈现高速增长的趋势。而涉及企业文化、员工关系、绩效考核等这些都是关系到企业核心竞争力的事务，也即战略性工作，不能轻易外包。

（二）选择合适的外包服务机构

确定了什么功能可以外包后，就需要选择外包服务机构。而他们的服务直接决定着企业今后管理质量的好坏，对民营中小企业来说更有可能是生死攸关的，所以企业必须重视外包服务机构的服务质量和服务信誉，尤其是可持续的服务能力。当然，一般首先要考虑服务的价格，然后是服务机构的信誉和质量，它将对外包工作的完成乃至整个企业的正常发展起到决定性作用。以前大中型企业多选择国外的服务机构，但现在选择国内的外包服务公司已经是大势所趋，毕竟沟通和本地化是非常重要的，避免"水土不服"。

（三）高层重视外包过程的沟通

中小企业人力资源外包绝对不是将所有事务都外包出去，通过选择哪些功能进行外包是首要，然后通过了解选择了外包服务机构，接下来就必须重视和他们的沟通，尤其是外包过程中，高层必须介入，并保持及时的沟通。同时，高层要充分征求员工的意见，并做好辅助工作，和员工进行合理的沟通，取得他们的信任，让他们了解其在外包中所扮演的角色。当然，高层也必须对外包服务公司的服务质量进行随时监测和评估。

（四）外包后企业的人力资源战略规划

中小企业将部分功能外包后，人力资源将更多地从事战略性人力资源工作，由原来的职能部门逐渐转化为企业的战略部门，将越来越多地参与制订企业战略，扩大业务活动，领导企业变革，同时担当起员工宣倡议者的角色，承担企业社会责任的宣传员角色，并对员工绩效和企业文化负责。因此，人力资源部或者管理者也应逐渐从那种行政后勤中心向业务中心转变，成员企业的学习组织者、教育推动者、高层主管顾问、管理职能专家和变革倡导者的战略性转变。

下面介绍一下我国较为知名的人力资源服务公司。

No.1：中智是中央直接管理的国有骨干企业，由国资委直接监管。以人力资源服务为主业，服务于大型企业，国企等，在新兴服务领域拥有人才、资源、网络、规模、经验的无穷优势和影响力，变成具有高度竞争力和抢先性优势的全新创业机构。

No.2：外服隶属于东浩兰生集团（上海市国资委直管机构），成立于1984年。拥有一批经验丰富的人力资源专家型参谋，供给专业知识和最佳实践的服务咨询；对象群体为大型企业、国企、上市公司等，对于不一样公司的个性化需要，度身定制灵活的综合解决方案并加以科学施行；遍布全国的18家分支机构和350余个效劳网点构建成强大的全国服务网络。

No.3：中企人力，上海中企人力资源咨询有限公司成立于2001年6月，其前身为上海国际企业合作公司外企服务中心（成立于1995年），至今已拥有超过十年的涉外人力资源服务经验。中企人力始终致力于专业人力资源领域的服务和研究，目前已经成为业内在"人事外包""招聘猎头""企业培训""商务咨询"等方面的知名品牌。

No.4：易才集团成立于2003年，致力成为中国人的国际化人力资源及相关流程外包服务供应商。总部设在北京，已在上海、天津、大连、重庆、沈阳、深圳、西安、青岛、武汉、南京、广州、长沙、乌鲁木齐、成都、东莞等200多个城市设立了服务网络。服务对象为中型、大型企业。

No.5：前程无忧成立于1999年，是国内领先的人力资源服务机构，提供包括招聘猎头、培训测评和人事外包在内的各项人力资源服务。前程无忧的主要业务为招聘版块，致力于为企业寻找、招募到最优秀的人才。是中国占有领导地位的专业招聘网站。而在其他领域，并不是它的专长。

No.6：蚂蚁HR成立于2014年，隶属于上海微聘信息科技有限公司，总部位于上海，目前在一线城市都有分公司，作为一家基于云端的人力资源管理服务商，蚂蚁 HR 类似于美国的 Zenpayroll，目前以代缴社保和薪酬服务为主要服务点，以其优质的服务和超低的价格，深受客户青睐，蚂蚁 HR 后续会继续加上企业人力资源规划、绩效、培训、员工关系等 HR 模块，把比较完整的人力资源系统提供给客户。

第三章　科技型中小企业核心员工的人力资源管理研究

第一节　科技型中小企业的界定

一、科技型企业的含义

随着全球化竞争的日趋激烈和科技的不断发展，新产品更新速度越来越快，以电子与信息、生物与医药、资源与环境、航空航天、海洋工程技术和新材料为代表的高新技术迅猛发展，科学技术成为真正的资本与首要的财富。综观 20 世纪工业企业发展的历程，可以看到企业逐渐把从事技术创新活动视为自己的核心职能。特别是近 30 年来，谋求长期持续发展、追求卓越的企业都在不断地进行技术创新，不断地推出新产品，在这种创新浪潮中涌现了一大批科技型企业，如美国的英特尔、日本的日立、德国的西门子、中国的海尔等，这些科技型企业牢牢抓住了技术创新这个本质，实现"以需定产，产需结合"，持续进行技术创新。

基于科技型企业的飞速发展，国内外学者对科技创新的含义、科技型企业的特点等展开了相关的研究。有的学者认为将理念、劳动力、资本、原材料进行系统性输出，形成生产价值，这个过程就是科技创新；有的学者认为技术就是在理论和实践层面将劳动力、知识与技能结合起来，开发相应的产品、服务、生产及销售系统；有的学者提出科技型企业具有较高的科技水平，因而需要具备较强创新意识的人才、丰厚的资金和研发成本。对于科技型企业具备的特点，有学者提出具有较高的科技水平或科技知识是科技型企业的主要特征，企业在经营中的所有活动都是基于高科技产品的研发和转化，科学技术是其主要生产力。

总的来说，科技型企业是指产品的技术含量比较高，具有核心竞争力，能不断推出适销对路的新产品，不断开拓市场的企业。科技型企业作为工业企业发展的高级形态，它保留了生产型企业和生产经营型企业的优点，同时又有了新的内涵。科技型企业把企业竞争从单纯的生产竞争和营销竞争扩展到技术创新的竞争，把技术创新作为企业的核心职能，在企业内部实现技术创新的制度化，集研究与开发、生产、销售"三位一体"，形成研究与开发、生产、销售三者互动的健全体制和机制，通过持续技术创新，获得持续性收益。

这一类企业一般分为二类：一类是通常意义上的科技型企业，主要从事信息、电子、生物工程、新材料、新能源等技术产业领域的产品和新技术的开发、应用；另一类为以客户信息和偏好开发供应链管理或特许经营、知识密集为特征的企业。

科技型企业一般具有以下特点。

（一）要素结构

从事技术和产品开发设计的科技人员、专业人员占总员工人数的比例较高；研发经费占销售收入的比例较高。这些企业通常把有关的劳动密集型的业务委托外包出去。

（二）主营方向

科技型企业主要从事业界认可或有关部门产品目录形式明确的技术产业领域的业务。他们多是利用新的经营手段开辟新的市场，靠对消费者的理解赢得市场和高回报。

（三）组织特征

大多数科技型企业的组织都是扁平、亚铃型的。这类企业核心业务是研究开发、营销运作或客户关系管理、技术或产品的集成，重视采用 OEM 运营模式，把大部分劳动密集性予以外包，从而压缩了内部科层机构。

（四）高成长性

产品或服务一旦在市场上获得成功，由于技术决窍、技术领先、知识产权的保护、品牌知名度、企业能有明显的市场份额，产品和服务的附加值较高，企业可以超常速成长。

根据以上特点，科技型企业的界定标准一般依据三个方面：科研人员占总员工人数的比例；研发费用所占比重；产品是否属于高科技领域。

二、科技型中小企业的含义

在现有文献或各类资料中，对于科技型企业的认定标准重点表现在企业的组成结构、研发资本支出以及成果效益开发产品成效等方面。在对中小型企业界定中依然以资产规模、职工人数、营业额作为主要衡量标准。

1999 年我国科技部、财政部发布了《关于科技型中小企业技术创新基金的暂行规定》（国办发 [1999]47 号），对科技型中小企业进行了界定。在 2007 年财政部、科技部发布的《科技型中小企业创业投资引导基金管理暂行办法》（财企 [2007]128 号）中，也对科技型中小企业应具备的条件作出了明确规定。2017 年科技部、财政部、国家税务总局研究制定了《科技型中小企业评价办法》（国科发政〔2017〕115 号），2018 年科技部国家税务总局印发《科技部国家税务总局关于做好科技型中小企业评价工作有关事项的通知》（国科发火〔2018〕11 号），主要对科技型中小企业进行了具体界定，并明确提出了评价标准。

根据《科技型中小企业评价办法》，本书认为科技型中小企业是指依托一定数量的科技人员从事科学技术研究开发活动，取得自主知识产权并将其转化为高新技术产品或服务，从而实现可持续发展的中小企业。具体指的是以高新技术作为主要生产力，研发、生产、销售高科技产品或服务，其主营业务为技术研发、转让或科技成果转化等，自身承担经营风险的知识密集型经济实体为科技创新型中小企业。

根据该定义，对于科技型中小企业的界定，主要包括以下三个指标。

（1）科技人员比例。通常科技型中小企业员工人数不超过 500 人，大专以上学历的科技人员占员工总数的比例不低于 30%，直接从事研究开发的科技人员占员工总数的 10% 以上。这一指标的具体数据在不同的国家和地区、不同时期、不同行业有不同的规定。

（2）研发经费比例。研发经费是指用于高新技术及其产品研究、开发的经费，据国家有关部门规定，科技型中小企业的这一经费应该占其每年总收入的 3% 以上，有的地方还规定应占 4% 以上。对这一指标的限定能有力地保证企业科技经费的投入。

（3）产品技术的密集程度。产品技术的密集程度通常指高新技术企业的技术性收入与高新技术产品产值的总和与当年的总收入之比。技术产品销售收入和技术性收入两项之和与当年总收入之比不低于 45%。不同的行业对这一比例有不同的规定，最高的可达 70% 以上。

三、科技型中小企业的评价指标

第六条　科技型中小企业须同时满足以下条件。

（一）在中国境内（不包括港、澳、台地区）注册的居民企业。

（二）职工总数不超过 500 人、年销售收入不超过 2 亿元、资产总额不超过 2 亿元。

（三）企业提供的产品和服务不属于国家规定的禁止、限制和淘汰类。

（四）企业在填报上一年及当年内未发生重大安全、重大质量事故和严重环境违法、科研严重失信行为，且企业未列入经营异常名录和严重违法失信企业名单。

（五）企业根据科技型中小企业评价指标进行综合评价所得分值不低于 60 分，且科技人员指标得分不得为 0 分。

第七条　科技型中小企业评价指标具体包括科技人员、研发投入、科技成果三类，满分 100 分。

1. 科技人员指标（满分 20 分）。

按科技人员数占企业职工总数的比例分档评价。

A.30%（含）以上（20 分）

B.25%（含）～ 30%（16 分）

C.20%（含）～ 25%（12 分）

D.15%（含）～ 20%（8 分）

E.10%（含）～ 15%（4 分）

F.10% 以下（0 分）

2. 研发投入指标（满分 50 分）。

企业从（1）、（2）两项指标中选择一个指标进行评分。

（1）按企业研发费用总额占销售收入总额的比例分档评价。

A.6%（含）以上（50 分）

B.5%（含）～ 6%（40 分）

C.4%（含）～ 5%（30 分）

D.3%（含）～ 4%（20 分）

E.2%（含）～3%（10分）

F.2%以下（0分）

（2）按企业研发费用总额占成本费用支出总额的比例分档评价。

A.30%（含）以上（50分）

B.25%（含）～30%（40分）

C.20%（含）～25%（30分）

D.15%（含）～20%（20分）

E.10%（含）～15%（10分）

F.10%以下（0分）

3.科技成果指标（满分30分）。

按企业拥有的在有效期内的与主要产品（或服务）相关的知识产权类别和数量（知识产权应没有争议或纠纷）分档评价。

A.1项及以上Ⅰ类知识产权（30分）

B.4项及以上Ⅱ类知识产权（24分）

C.3项Ⅱ类知识产权（18分）

D.2项Ⅱ类知识产权（12分）

E.1项Ⅱ类知识产权（6分）

F.没有知识产权（0分）

第八条　符合第六条第（一）～（四）项条件的企业，若同时符合下列条件中的一项，则可直接确认符合科技型中小企业条件：

（一）企业拥有有效期内高新技术企业资格证书；

（二）企业近五年内获得过国家级科技奖励，并在获奖单位中排在前三名；

（三）企业拥有经认定的省部级以上研发机构；

（四）企业近五年内主导制定过国际标准、国家标准或行业标准。

四、科技型中小企业的特点

（一）主导产品或服务具有较高的技术水平

科技型中小企业主要从事高新技术产品的研发、生产与销售，对于产品的技术含量要求较高。因而，科技型中小企业从事产品研发的人员都具有一定的知识与能力。高科技产品拥有一定的专有技术和专利权，科技含量很高，其附加值与普通产品相比较高。科技产品主要依靠科研人员的知识与智慧开发出来，与一般依靠密集劳力生产产品的低附加值型企业存在明显的差异。

（二）科研人员比例高、创新能力强

科技型中小企业主要致力于产品的创新，主营业务大多在于新技术、新领域的研究开发，因而创新成为科技人员的主要特征之一。科技型中小企业的技术创新是企业发展的核心动力，与普通中小企业相比，其科技人员所占比重较高，且员工队伍的整体素质有着明显优势，同时其领导人的受教育程度普遍较高，往往富有创新竞争，勇于承担风险和迎接挑战，创新能力及意识普遍较高等素质。由于科技型中小企业的特殊性，其关键特征之一就是具备高水平的技术和创新能力，通常科技型中小企业都将发展自主知识产权，以获得高利润，如以在市场竞争过程中占据相对有利的地位。

（三）高投入与高风险并存

科技型中小企业以技术研发和创新为核心的特点，要求其发展过程中需要大量的资金投入、更高的人力投入和物力投入。中小规模的高科技企业价值链的每一个环节都需要大量资金支持，其中技术开发占有相当大的比重。在新技术研究与开发环节，反复实验、样品调试、技术检验，到最后产品生成，整个生产线的重组与改进等都需要大量的资金投入。此外，科技型中小企业的技术开发往往涉及多个领域，需要更高要求的设备、原材料等，这就对物力提出了更高的要求。同时科技型中小企业还需要较高的人力资本投入，需要招聘并维持大量高学历、高技术的科研人员，从而增加了人力成本。

与一般的中小企业相比，科技型中小企业具有更高的投资经营风险，包括市场风险、技术风险、财务风险等。科技型中小企业在创新过程中受到产品研发、市场推广、市场份额等诸多因素的制约和限制，使得风险发生的可能性普遍较高。通过对科技型中小企业进行统计发现，其中在 5 年内倒闭的企业所占比重为 68%，经营时间在 6 ~ 10 年的企业所占比重为 19%，仅有

20% ～ 30% 能够保持正常的经营与发展。

（四）高成长性

由于科技创新型中小企业具备的技术能力高、异质性显著等特点，使得企业在参与市场竞争中能够保持相对有利地位，进而为企业发展提供重要的推动力。企业产品一旦进入市场，使得客户多样化需求得以满足，随着产品生产规模的扩大，其通常能够在市场中占据较高份额，使得企业经营效益得到明显改善，为企业的发展与进步提供充足的动力。科技型中小企业凭借自身在技术方面的优势，使得企业自身市场竞争地位得到了有效巩固和提高。特别是随着企业产品和服务附加值的提高，为企业发展奠定了深厚的基础。通过对国际范围内知名科技型企业的发展历程进行分析就能够很好印证上述内容。

（五）创新性的企业文化，员工更具创新意识

相比传统企业，科技型中小企业的企业文化鼓励创新，可以提供一种更能宽容失败、允许失败的环境。创新性的企业文化更有助于提升成员间的凝聚力，能够充分发挥激励作用引导员工自我发奋图强。创新是基于团队合作的，懂得包容、乐于分享是科技型中小企业经久不衰的根本。科技型中小企业的员工能够以饱满的情绪融入到实际工作中，能够自主开拓创新能力，不断给自己充电强化与他人的合作。比如企业家可创新战略管理；而研发人员的创新则体现在研发技术方面，管理型人才的创新则体现在培育客户满意度、市场份额等方面，一般人力资本在基本生产等方面进行创新。

第二节　科技型中小企业人力资本的类型

一、人力资本的概念

（一）人力资本理论的发展历程

人力资本理论在 20 世纪中叶兴起于美国，经历了早期的人力资本思想、现代的人力资本理论、人力资本理论的发展几个阶段。

1.早期的人力资本思想

在很早之前，就已经出现了对于人力资本思想的相关阐述。一些古典大师们通过提出的劳动价值学说，论述并确立了劳动在财富创造中的决定性作用，虽然这个时期还尚未能够形成理论体系，但是，其为人力资本理论的最终创立，奠定了重要而坚实的基础。

威廉·配第的人力资本思想。英国古典政治经济学之父和统计学创始人威廉·配第，是公认的首次正式应用人力资本思想的学者。他把人力看作资本，进行价值估算，孕育了早期人力资本思想的萌芽。在其著作《赋税论》中，威廉·配第第一次有意识地提出了劳动创造价值的思想，提出分工的水平和规模、科技进步，是提高劳动生产率的两个最为重要的因素。在他的另一部著作《政治算术》里面，威廉·配第主张要加强对于提高人口素质的资本投入，以此来提升国家的核心竞争力。威廉·配第把生产中的人所具有的"技能"看作是生产要素，并且认为，教育和训练可以使人的劳动生产能力出现差别。

亚当·斯密的人力资本思想。"现代经济学之父"亚当·斯密进一步地提出了人力资本投资的思想，明确地将人的能力划归为固定资本。在著作《国民财富的性质和原因》一书中，亚当·斯密认为，从事不同工作的劳动者，所表现出来的能力差异主要是由于教育和分工导致的，因而他认为通过教育、学校以及做学徒来获取才能的过程中，所花费的资本，可以通过诸如"提升劳动技能"的另外一种价值形式，在学习者身上形成为固定资本。亚当·斯密（1972）将通过学习而获得的知识和技能，纳入到固定资本的范畴中。他还提出建议，"鼓励、推动、甚至强制全体国民接受最基本的教育。"亚当·斯密的很多相关思想以及论述已经触及到现代人力资本理论的核心，这也为人力资本思想的形成与发展提供了更加明晰的思路，因此，他被看作是人力资本理论的重要先驱者。

约翰·穆勒的人力资本思想。古典经济学家约翰·穆勒（1991）在其论作《政治经济学原理》中指出，"技能与知识都是会对劳动生产率产生重要影响的因素"。他认为，与工具及器械等一样，技术人员所拥有的知识和技能，也属于国民财富的重要组成部分。约翰·穆勒还特别强调，通过教育以及培训的方式，能够让学习者获得超过其劳动价值的报酬。

法国古典政治经济学家让·萨伊继承并发扬了亚当·斯密的人力资本思想。他以全新的视角，对人力资本的概念以及人力资本投资进行了更为深入的论述。让·萨伊特别强调，人才尤其是那些拥有特殊才能的企业家，在生产过程中发挥着至关重要的作用。让·萨伊还详细地将人力资本划分为普通劳工的一般性人力资本、专业性人力资本以及经营管理的创新性人力资本三种类型，并在此基础上，进一步对他们各自的报酬进行了探索性规划。

卡尔·马克思（1979）界定并阐述了"劳动"和"劳动力"的区别。他认为，劳动是对劳动力使用的过程，而劳动力则是凝聚在劳动者身上的能力、精力以及力量的总和。并且提出，不同质量的劳动力在价值创造过程中，所发挥的作用也是不同的。某种意义上来讲，通过教育和培训，可以把简单的普通劳动力培养成复杂的、专门的劳动力。马克思（1975）提出，由于简单劳动力需要投入的教育和时间成本相对比较少，因此，相应地其创造的价值也会较低；而较复杂、较高级劳动力的形成过程需要投入较多的教育和劳动时间成本，因此，其创造的价值也会相应地较高。

2. 现代的人力资本理论

西奥多·W·舒尔茨的人力资本理论。被誉为"人力资本之父"的西奥多·W·舒尔茨，在1960年比较系统地论述了人力资本投资的观点，成为人力资本理论诞生的重要标志之一。1961年，舒尔茨进一步明确地揭示了人力的投资是产生国家经济增长的重要原因。1963年，在《教育的经济价值》一书中，舒尔茨指出，教育的经济价值是这样体现出来的：人们通过对自身进行投资，来提升其作为生产者和消费者的能力，而其中学校教育，则是对人力资本的最大投资。舒尔茨（1990）将资本划分为物质资本和人力资本，并从"量"和"质"两个方面对人力资本进行分析研究，引导人们将视角从单纯地关注人口数量，更多地转移到关注人口质量层面上来。舒尔茨的理论贡献不仅奠定了现代人力资本理论的坚实基础，而且，还从宏观层面上实证检验了教育对于促进经济增长的重要作用。

加里·贝克尔的人力资本理论。加里·贝克尔主要从微观层面对人力资本进行深入研究。1964年，加里·贝克尔发表了其经典论著《人力资本》。对于人力资本理论，加里·贝克尔提出了很多创新性的想法，他认为，人力资本的内涵不仅包含知识、技能以及才干，还应该把更为重要的健康和时间涵盖进去（周德禄，2012），这对人力资本的概念以及内涵做出了重要的拓展和创新。加里·贝克尔非常注重教育，强调正规教育和职业培训对于人力资本形成的必要性和重要性，深入探究了正规学校教育和在职培训的支出和收入、年龄－收入曲线等问题，并且对此进行了系统的实证研究，分析了人力资本投资对于个人就业以及经济收入所产生的重大影响。此外，还提出了很多估算人力资本投资量及其收益的方法。加里·贝克尔的诸多理论观点和分析方法，都是具有开创性和引领性学术影响的，为人力资本理论体系的建立以及完善，做出了巨大的贡献。

爱德华·丹尼森对舒尔茨论证的教育对美国经济增长的贡献率做了修正。爱德华·丹尼森（1962）指出，在 1948—1982 年间，美国国民生产总值年平均增长 3.2%，其中，有三分之一的比重是通过提高劳动者素质而获得的，大约有二分之一是通过技术革新取得的。由此可见，无论是通过劳动者素质提升，还是通过技术革新，而实现的经济增长，都与人力资本质量的提高是密切相关的。丹尼森认为，通过增加正规教育年限来提高劳动者的受教育程度，不仅可以解释过去的经济增长，而且还能够促进未来的经济增长，知识增进能够使得同样的劳动、资本和土地生产出来数量更多的、质量更高的产品。丹尼森对于推动人力资本理论的发展做出了重大的贡献，他的很多重要思想，都在当今的知识经济发展中得以体现和证实。

此外，雅各布·明塞尔首次将人力资本投资与收入分配联系起来，并给出了完整的人力资本收益模型，从而开创了人力资本研究的另一个分支，同时他还研究了在职培训对人力资本形成的贡献。

（二）人力资本的概念与特点

舒尔茨指出，人力资本是指教育、职业培训以及对生产者的其他支出之和，其表征为人类所包含的各种生产知识、劳动和管理技能以及健康素质的总和。

人力资本的关键特征是区别于物质资本的。主要体现在如下几个层面。

1.人力资本具有依附性

人力资本的载体是人，是通过人力投资形成的价值在劳动者身上的凝结与体现，与其所有者不可分离。人力资本表现为体能、知识、智能、技能、情感、价值观念、思想道德等，都依附于活生生的人而存在。同时，人力资本的价值量和新增价值的创造，必须在劳动和劳务过程中才能得以体现。人不参与劳动和劳务，只是一个纯粹的消费者，其资本价值量无从体现。

2.人力资本具有能动性

人力资本是经济发展过程中最具能动性的因素。一方面，物质资本、货币资本价值量的实现和创造必须通过人力资本的操作；另一方面，人力资本可以创造出超出自身价值量的经济效益。在一个企业中，人力资本水平在一定程度上决定着企业的兴衰。美国当代管理学家杜拉克说："人是我们最大的资产，企业或事业惟一的真正资产是人，管理就是充分开发人力资源。"

3.人力资本具有时效性

与物质资本不同，人力资本具有一维性。若不适时开发和利用，随着岁月的流逝将逐渐降低直至消失殆尽。通过教育、培训等方式进行投资而形成一定的人力资本存量，将其投入社会再生产过程，就可以产生收益，发挥效用，而未及时开发或再造的人力资源，不仅难以成为社会发展的有生力量，而且还会成为拖累经济发展和社会进步的累赘或"包袱"。

4.人力资本具有变动性

随着科技发展和社会进步，人力资本的存量、增量及其构成要素的价值都将处于不断变动之中。从主观上看，劳动者刻苦学习，勇于实践，在潜心钻研中有所发现和创新，其存量和增量就会不断增大，价值量就会不断增值。我国作为人力资源丰富，而人力资本相对贫乏的国家，应强化人力资本意识，确立并实施人力资源开发、人力资本与人才发展战略，把人口压力变为经济和社会发展的强大动力。

二、科技型中小企业人力资本的特征

科技型中小企业人力资本不仅具有一般企业人力资本的属性，还兼具高度专用性、高度异质性以及高度增值性等属性。科技型中小企业人力资本具有以下属性特点。

（一）高度异质性

相较于传统的企业，科技型中小企业属于典型的人才密集型企业。科技型中小企业的发展重点是创新型员工。就人力资本来看，创新型员工一般具有较高的学历、良好的教育背景，具有较强的钻研精神，能够依托自我具有的技术、知识、管理才能等较为出色地完成工作，从而让自己获取相应的报酬。同时人才在战略、管理、研发以及营销等方面表现出显著的创新性能力，这是其得以实现边际报酬递增的关键之所在。所以异质性是人力资本的典型性特点。

（二）高度专用性

人力资本所掌握的工作技巧、某种技术或者信息等具有"专属性"，在其他企业或者岗位是无法发挥作用的。近年来随着科学技术的飞速发展，新的研究领域不断涌现，科技型中小企业是否具有先进的管理、技术以及人力资本贡献等各要素都决定着其是否可拥有较高的人力资本，这些是依赖于员工长期坚持学习的。而员工在不断的学习积累升华的过程中也就形成了专用性的企业人力资本。如果将其移至其他地方进行使用，那么不仅很难发挥其应有的作用，甚至还会出现贬值的问题。

（三）高度增值性

区别于物质资本，人力资本表现出显著的价值递增性。在实践中人力资本可通过不断地学习，提升知识、技能与各项能力，在此基础上增加价值。比如通过学习，一名新员工可能成为技术骨干、管理人员。通常情况下物质资本的际报酬递减，而人力资本恰恰相反，因为人力资本表现出异质性、能动性，所以增加投资其人力资本的水平、层次也均会有所提高，所以相应地也会带来较大的收益，即形成报酬递增。对于科技型中小企业而言人力资本就是其递增报酬的保障，而对于其本身而言同样地表现出报酬递增性。

三、科技型中小企业人力资本的划分

企业人力资本与企业员工有着极为密切的联系。

研发是科技型中小企业的重点，因而科技型中小企业的人力资本应以人力资本所有者投入的人力资本要素为依据，因而科技型中小企业员工可以划分为普通员工、专业员工和企业家。由于专业员工能够划分为专业管理人员和专业技术人员，因而上述三个层次员工分别对应四个层次的人力资本：普通型人力资本、管理型人力资本、研发型人力资本、企业家人力资本等类型。

（一）普通型人力资本

主要是指科技型中小企业的普通员工。通常情况下，普通员工主要向提供基本知识和能力，而这种知识和能力通常能够在教育和培训过程中得到积累和掌握，因此其稀缺程度并不高。从劳动特征方面看，普通员工通常以体力劳动或常规性、重复性劳动为主，任务明确、操作固定和简便，劳动增值性不显著。另外，针对普通员工具备的知识与能力来看，可抵押性差，并未在企业中承担较高风险。由此可看出，企业单个普通型人力资本价值含量并不高。

（二）管理型人力资本

主要是指科技型中小企业的基层和中层管理者。管理者为企业提供了专业的管理知识和能力，而这主要来源与高等教育、长期实践经验的积累和专业培训等途径。由于管理层次的差异性，管理人员的劳动特征也有着明显的区别，一般来讲，管理层次与劳动复杂程度、劳动增值性保持着正相关的关系，而与劳动成果可衡量性保持负相关的关系。另外，管理型人力资本在企业中承担着一定的风险。

（三）研发型人力资本

主要是指科技型中小企业的研发人员。研发人员为企业提供了专业技术知识和创新能力，而这主要来源于高等教育、长期实践经验的积累和专业培训等途径。通过对其劳动特征进行分析发现，主要表现为以下几方面，即劳动复杂程度高、技术创新能力高、劳动增值性显著等。另外，研发型人力资本同样在企业中承担着一定的风险。

（四）企业家人力资本

指的是科技型中小企业的高层经营者。高层经营者提供综合性的管理知识和资源配置能力。而从这种知识和能力产生来源来看，通常是在经过专业化的教育和培训的前提下，经营者在长期实践和探索过程中逐渐积累产生的。通过对劳动特征方面进行分析，其主要表现为以下几方面，即以脑力劳动为主、劳动复杂程度高、劳动增值明显、劳动成果不可衡量。企业家人力资本通常在企业中承担着较高的风险。

第三节 科技型中小企业核心员工管理存在的问题

一、核心员工的界定

"核心员工"是一个模糊的概念，根据经济学家帕累托提出的二八法则，在特定群体中，20%的成员对群体的贡献往往高达80%。对于企业而言，核心员工的占比约为20%，这部分人是80%价值的创造者，这些员工是企业最重要的战略资产。因而目前大多数学者认为核心员工是指其创造绩效及对企业发展最有影响作用并在某方面"不可替代"的员工，是组织核心竞争优势的基础，一旦失去将严重影响企业效益。

从现有的文献来看，对核心员工的界定主要存在以下几种观点。

美国联邦航空管理局将核心员工界定为在组织中担任关键职位且没有替代者，其职责其他员工无法立即承担，并且如果由于紧急情况而将其职责分配给其他员工，将严重影响相应部门的运作。一般认为能力强的技术师是制造公司的核心员工；能力强的分析师是金融公司的核心员工，由此可见哪些员工是核心员工要根据企业的类型来判断。

杨佑国（2001）认为，核心员工必须是企业核心价值岗位上的员工，必须是理解企业的核心价值观念的人才。他认为核心员工包括有创新能力的技术创新者，有杰出管理才能的企业家，有丰富销售经验的销售经理，有较高专业技能和技术的财务总监等。唐效良（2002）认为企业的核心员工是指那些拥有专门技术、掌握核心业务、控制关键资源、对企业会产生深远影响的员工。企业核心员工可以采用"因素评分法"来确定，但核心员工名单随着企业的发展和市场的变化不断调整和变动。张云鹏（2003）认为企业核心员工是指那些拥有专门技术、掌握核心业务、控制关键资源、具有特殊经营才能、对企业会产生深远影响的员工。他们的工作岗位要求经过较长时间的教育和培训，必须有较高的专业技术和技能，如财务总监和优秀的技术开发人员；或者要有本行业内丰富的从业经验及杰出的经营管理才能，如销售经理和总经理。核心员工的人数较少，一般占企业总人数的 20% ～ 30%，但却创造了 80% 以上的利润。核心员工对于企业提升核心竞争力起关键性作用。

辛玥（2022）将核心员工界定为除了董事、监事、高级管理人员之外，在上市公司中熟悉核心技术和业务流程的所有中层管理人员、核心技术人员以及核心业务人员。姜贺（2022）将核心员工界定为对公司未来发展影响较大、对公司生产经营活动有极大影响力以及在短期内很难找到员工来替换的或者是拥有较好知识与技能水平的员工。他认为核心员工与一般员工可以通过人力资源稀缺性和企业价值创造性进行比对和界定。

根据以上观点，本研究认为核心员工是指那些掌握企业核心技术，从事企业核心业务，或处在企业核心岗位，对企业生产经营有着重大影响力或决策权的，理解与实践企业核心价值观的员工。核心员工能够帮助企业实现战略目标、提高企业竞争优势是各大企业争夺的目标。

从企业创造价值的来源来讲，核心员工大致可分为三类。

第一类，具有专业技能的核心员工。这类核心员工主要是拥有企业某一方面或领域的专业技能的人才，其工作效果关系着企业的正常运转。

第二类，具有广泛外部关系的核心员工。这类核心员工拥有企业所需的广泛外向关系资源，是企业与外部组织交流的桥梁，如关键的销售人员和业务人员，企业需要通过他们获取所需的资源和产品的输出。

第三类，具有管理技能的核心员工，这类员工主要是能够帮助企业抵御经营管理风险，节约管理成本，其工作绩效与企业的发展密切相关。

联系上一节科技型中小企业人力资本的划分，本书认为研发型人力资本和企业家资本构成了科技型中小企业的核心人力资本。即在科技型中小企业中，核心员工主要包括优秀的高层管理者（如 CEO、CFO）、掌握核心技术的研发骨干或高级研发人员等。

二、科技型中小企业核心员工的特点

对于科技型中小企业来说，核心员工是其最重要的财富，是企业存在的基石。科技型企业核心人才的工作性质和个性特征决定了在实施人力资源开发和激励、管理方面都有别于传统企业。作为高新技术中小企业知识资本的重要载体，核心人才表现出与普通员工不同的工作特性。

（一）工作具有创造性和自主性

例如，核心技术人员从事的大多为创造性劳动，他们运用头脑进行创造性思维，并不断形成新的知识成果。他们具有较强的自主意识，倾向于拥有宽松的、高度自主的工作环境，注重工作中的自我引导和自我管理。

（二）重视自我价值的实现

核心员工通常具有较高的需求层次，往往更注重自身价值的实现。特别是科技型中小企业的核心员工，他们更愿意在中小企业中发挥自己的主动性，更热衷于具有挑战性、创造性的任务，并尽力追求完美的结果，渴望通过这一过程充分展现个人才智，实现企业由小到大的价值。

（三）流动意愿强

对于科技型中小企业来说，企业最有价值的便是核心员工的知识、技能和不断创新的能力。因而对于科技型中小企业的经营管理者、技术骨干而言，一旦现有工作没有足够的吸引力，或缺乏充分的个人成长机会和发展空间，他们会很容易地转向其他公司，寻求新的职业机会。

三、科技型中小企业核心员工管理存在的问题

我国科技型中小企业在核心员工的开发、激励与管理方面主要存在以下问题。

（一）对核心员工的管理缺乏战略性、系统性

目前，我国很多科技型中小企业的人力资源管理活动还停留在初期的人事管理阶段，对核心员工的重视程度还不够，激励手段比较简单，没有与普通员工进行有效区分。同时由于人力资源管理的各项职能相互独立，没有与企业的战略进行有效整合，对核心员工从招聘、引进、培养、激励、绩效、保留等方面没有做到全面系统的管理。实际上对于科技型中小企业而言，核心员工是企业的核心竞争力，是中小企业持续发展壮大的关键资源，科技型中小企业必须从战略的角度来规划核心员工，并以战略为中心来管理核心员

工，直接将对核心员工的管理与企业战略目标的实现紧密相连。这样一方面有利于企业从战略性管理的原则和要求出发，对核心员工实施有效管理，另一方面也有利于核心员工群体感受到组织的期望，在不断增强的组织归属感中积极发挥自身的潜能，促进企业战略性目标的实现。

（二）缺乏有效激励手段，难以吸引优秀人才

科技型中小企业大部分处于创建和成长时期。处于这个时期的中小企业面临的最大问题，一是资金，二是人才。与行业内的大企业相比，中小企业由于资金和自身影响力的限制，难以提供有竞争性的薪酬水平和发展平台，因而普遍缺乏吸引力，造成很多优秀人才不愿意到中小企业中就业。特别是在双向流动、双向选择的时代，优秀的人才更愿意选择国内外知名的大企业就业，以提升自身的竞争力，规避就业风险。在这样的矛盾情况下，科技型中小企业难以吸引到优秀的人才，进一步制约了科技型中小企业的发展和原始积累的速度。

（三）缺乏核心人才职业发展规划，难以保留核心人才

战略性人才储备是企业立于不败之地的基础，许多科技型中小企业的人才战略储备管理尚未提升到战略水平，仍有待进一步发展。在具体的职业生涯规划方面，部分中小企业没有建立起核心人才晋升或补充规划、继任规划和职业生涯规划。科技型中小企业普遍缺乏人才战略储备的规划及其相关政策作保障。人力资源部门无法统筹管理整个企业的人才战略储备，没有将人才的战略储备放到战略的高度，无论是传统的内部培养规划还是外部的招聘规划都存在严重的缺陷，使得科技型中小企业仍然继续面临企业人才不足的困境。

（四）忽视知识的持续管理，缺乏对无形资产的保留

在核心员工的管理中，科技型中小企业往往能够意识到自身在招人与留人方面的困难，因而更关注的是如何留住核心人才。科技型中小企业提出的各种策略和措施都是围绕"留人"进行的，比如情感激励、股权激励、发展激励等。但是科技的发展与日俱进，科技型企业由知识员工、技术、知识和资金四个系统要素构成，其中知识和技术都依赖于技术型员工。技术型员工

中的核心员工更是科技型企业系统要素中核心的核心。但核心员工的流动是必然的，部分关键员工的流失会造成企业管理信息、核心技术和客户订单等无形资产的流失，这种流失会影响企业核心知识的连续性，削弱企业的核心竞争力。因而在科技型中小企业核心员工的管理中，中小企业必须注意到知识保留的问题，这样即便核心员工流失，他所掌握的核心知识仍然能够得到保留和延续，不至于对企业的发展构成威胁。

第四节　科技型中小企业核心员工的人力资源管理策略

一、树立以人为本理念，将核心员工的管理与企业发展战略进行动态挂钩

"以人为本"的管理理念，主要是指关心人、重视人、尊重人、信任人，关心员工的成长和发展，重视员工的自主性和参与性。科技型中小企业在对核心员工的人力资源管理上，要把企业发展与满足核心员工的需求统一起来，使企业发展的成果不仅体现在利润的增长上，而且体现在核心员工的经济待遇、福利保障、社会尊重和企业文化建设上，实现和谐的发展。科技型中小企业需要把激发员工的创造性作为增强企业创造力的着力点，真正体现尊重劳动、尊重创造、尊重知识、尊重人力，最大限度地让核心员工在本企业实现自己的人生价值。核心员工作为企业的核心竞争力，科技型中小企业要将核心员工的管理与企业战略的实现紧密相连，从战略性管理的原则和要求出发，对核心员工实施有效管理，让核心员工群体感受到企业的重视与期望，在不断增强的组织归属感中积极发挥自身的潜能，促进企业战略性目标的实现。

二、加强全面管理，构建核心员工的开发与激励机制

核心员工的培训方面。建立适合本企业特点的培训体系是保证科技型中小企业持续发展和员工队伍稳定的关键。在知识更新速度加快的时代，人力资源是一种"易耗型资源"，需要不断地开发才能适应竞争的要求，培训就是防止人才折旧的最好方法。因此中小型科技企业应在科学的经济分析基础

上建立起自己的培训体系，营造构建学习型组织。科技型中小企业的核心员工培训要从以下三个方面进行：一是对潜在核心员工进行培训；二是企业核心业务的培训，科技型企业要以技术提升为主；三是提高中层主管的职业化能力的培训。科技型中小企业可以选择外包培训机构的方式，随着企业的发展壮大，中长期则要培养自己的师资队伍。通过培训使科技型中小企业内部产生不同层次的学习团队，在鼓励员工学好本职专业技术的基础上，学习其他专业知识，调动和发挥员工潜在的积极性和创造性，有利于科技型中小企业内学习团队的全面发展和技术上的创新和开发。

核心员工的薪酬方面，逐步构建起全面薪酬机制。全面薪酬制度包括外在薪酬和内在薪酬两大类。其中外在薪酬主要包括基本工资、短期激励性薪酬（奖金、绩效加薪、年终分红）、长期激励薪酬（利润分享计划、股票、股票期权、所有权分享制、企业管理分享制等）。外在薪酬属于保健类因素，在实际中，由于中小企业财力有限，在基本工资和短期激励性薪酬方面一般都采取不低于市场平均水平的薪酬水平，而更多地采用长期激励方式来激励和保留核心人才，通过股票期权等方式，向核心员工提供未来的薪酬承诺。知识型员工往往具有强烈的个性，具有很高的自主性，高度重视成就激励和精神激励，因而科技型中小企业的薪酬制度中更应当重视内在薪酬的因素，一是提供创新型和挑战性的工作机会，激发核心员工的创造性；二是注重工作自主性与内容丰富化，允许核心员工从事自己喜欢的工作，鼓励建立自我管理团队，对核心员工保留宽容的态度，赋予他们充分的自主权，并从人力、物力、财力等方面全力支持核心员工的创新活动；三是加强精神激励，通过表扬、嘉奖、鼓励等方式对核心员工的成就和贡献进行嘉奖。

三、加强核心员工职业生涯规划管理

职业生涯规划是决定核心员工晋升的不同条件、方式和程序的政策组合，职业路径可以显示出核心员工晋升的方式、晋升机会的多少、如何晋升等，从而为那些渴望获得内部晋升的核心员工指明方向，提供平等竞争的机制。目前大多数科技型中小企业都为核心员工制定了双重职业路径。双重职业路径设计了一条管理晋升路径，一条技术晋升路径，为技术类员工提供了可视化的提升思路。即在为普通员工进行正常的职业路径设计的同时，为这

类技术专才另外设计一条职业发展的路径，从而在满足大部分员工的职业发展需要的同时，满足专业人员的职业发展需要。这类专业人员职业发展不体现在岗位的升迁，而是体现在报酬的变更上。同一岗位上不同级别专业人员的报酬是可比的，双重职业路径的设计有利于激励在工程、技术、财务、市场等领域中的贡献者。这种设计是这些领域的人员能够增加他们的专业时间，为企业做出更大的贡献，同时得到报酬。实现双重职业路径能够保证组织既聘请具有高技能的管理者，又雇佣到具有高技能的专业技术人员。

四、建立核心员工流失预警机制，实施知识持续管理的策略

建立核心员工流失预警机制，目的在于预测可能存在的核心员工流失风险源，通过对各个风险源的实时监控，有效识别已出现的风险并在核心员工流失前发出警报，以便于人力资源管理的各项工作主动做出相应调整，以防止商业机密泄露。

所谓知识持续管理是指保持知识的连续性，减少知识的流失，它的目的就是通过保护和储存知识来维持公司整个知识网络的完整，这样减少了员工离职对于公司知识体系的伤害。实施知识持续管理的策略有：第一，培育支持知识持续管理的企业文化，科技型中小企业应营造一种开放、信任、互相学习与分享的氛围，鼓励技术型员工积极主动地分享自己的知识和经验，还应当建立起一种鼓励不断学习和创新的文化，树立员工"终身学习"的观念；第二，优化组织结构以适应知识持续管理。建立适合知识持续管理的扁平化组织结构，优化团队结构，比如自我管理的团队、多功能团队，采用团队作为协调组织活动的主要方式，建立无边界组织，设置专门的首席知识官，成立专门的知识持续管理部门来开展工作，以推进知识持续管理的进程。

第四章　中小企业的产业集群与人力资源管理研究

第一节　产业集群的相关概念

一、产业集群的概念

产业集群又称"产业簇群""竞争性集群""波特集群"，是一种具有规模经济、劳动力蓄水池效应的普遍性经济现象。产业集群的本质可以概括为在某一领域，基于精细分工和专业化的产业链在特定地域的集聚及其形成的互动关系。集群内各主体是相对独立的，它们之间的联系是柔性的，合作与竞争是动态的。

马歇尔（Marshal，1890）最早在其著作《经济学原理》中提出产业集群的雏形，他认为在"产业区"内存在大量产业相关的中小企业聚集，这些中小企业相互联系、相互依存、共同发展，构成了以"产业区"的产业集群。这些中小企业能在"产业区"内大量集聚，最根本的原因在于更容易获取外部融资规模进而形成规模经济。之后，韦伯（1909）认为，产业集群能促进企业与其产业关联企业建立合作互补关系，产业集群的形成能实现地区工业化，促进当地经济的发展。直到1990年，波特教授在其《国家竞争优势》一书中通过不同国家和地区之间的产业集群竞争特点对国家竞争优势做了具体的比较分析。他认为，国家只是企业的外在环境，政府的目标是为国内企业创造一个适宜的环境。因而，评价一个国家产业竞争力的关键是该国能否有效地形成竞争性环境和创新。波特教授1998年发表了《集群与新竞争经济学》一文，系统地论述了产业集群的含义。他认为，产业集群是某一行业内的竞争性企业以及与这些企业互动关联的合作企业、专业化供应商、服务供应商、相关产业厂商和相关机构（如大学、科研机构、制定标准的机构、产业公会等）聚集在某特定地域的现象。他还认为，国家竞争优势往往是通过产业的竞争优势来形成的，而产业竞争优势又主要依靠国内特定区域的各个产业集群的竞争优势。产业集群依赖于良好的历史背景、企业创新程度高，有产业基础的地区中发展，因此，在波特教授看来，产业集群的发展具有区域地理位置上集中，而非分散的特征。

产业集群的核心是以业缘关系为纽带，产业高度相关的企业聚集，如诸暨大唐的袜业、永康的五金、河北清河的羊绒业、云南玉溪的烟草产业，山东烟台的电子与家电产业，四川成都的白酒酿造产业，江西景德镇的瓷器产业和舟山的领带产业集群等。

二、产业集群的特征

第一，特定区域空间上的集聚，以中小企业为主体。

产业集群是对应于一定的区域而言的，是经济活动的一种空间集聚现象。某一区域的中小企业会在特定区域内集聚，彼此间进行直接的沟通、交流、竞争，合作以及实时信息的传递。伴随着产业集群的发展壮大，集群内少数中小企业逐渐成长为规模较大的企业，甚至进一步发展成为跨国公司，如柳市低压电器产业集群就涌现出德力西、正泰、天正等大企业集团，宁波服装产业集群也产生了雅戈尔、杉杉等大型企业。虽然大企业甚至跨国公司存在于某些产业集群中，但产业集群的规模结构还是以中小企业为主。

产业集群内中小企业因地理空间相邻，表现出集群内各企业彼此独立、集群内企业间联系密切、集群内企业间存在多种特定关系，集群呈现动态化的特征，释放出外部经济性、联合行动以及制度效应的集群效应，促使集群内中小企业不论物质还是信息交流都很频繁和经济活动高度密集。

第二，专业化分工与协作，形成相当完整的产业链。

产业集群的专业化特征具体表现为集群内部生产或经营的专业化，每一产业集群的名称都体现了其区域专业化特征，如柳市低压电器产业集群、大唐袜业集群、嵊州领带产业集群、绍兴纺织产业集群、中关村高新技术产业集群等。

产业集群是一个包含了某一产业从投入到产出直至流通的完整的链条，集群内的企业具有前后向或横向的产业联系。单一产业集群企业内部的一体化程度较低，大量企业在集群中只制作产业链条上的一个环节，如浙江苍南县金乡镇标牌产业集群，设计、熔铝、写字、刻模、晒版、打锤、钻孔、镀黄、点漆、制针、打号、装配以及包装等十几道工序，全部由当地独立的企业来完成，共有800多家对企业参与分工协作。在产业集群内部，各主体之间的联系是建立在专业化分工基础上，进而促进产业集群比市场更稳定，比层级组织更灵活。

第三，企业间形成复杂的网络关系，竞争与合作并存。

在产业集群内，除了处于同一产业或具有紧密产业联系、又各自独立的企业外，还有大量为生产提供辅助性服务的机构，如大学、研发机构、咨询公司等紧密联系在一起，形成利益共生体。产业集群内企业数量足够多，竞争与合作并存，而且由于企业之间、人员之间长期频繁地正式或非正式接触，共同地域文化、产业文化和复杂的人员关系，进而形成了复杂密切的社会网络关系。

三、产业集群的发展模式

产业集群的发展在市场和政府的双重作用下，存在四种发展模式。

市场导向型产业集群模式，即区域经济范围内首先出现专业化的市场，为产业集聚创造了重要的市场交易条件和信息条件，最后形成了某一特定产业的集群。最具代表性的就是浙江的"小狗经济"，如绍兴的轻纺产业群、海宁的皮革产业群、嵊州的领带产业群、桐庐的制笔产业群、诸暨的袜业群等。

外资引入型产业集群模式：该类型产业集群主要集中在沿海一些外向型出口加工基地，例如深圳、东莞、苏州、昆山等地。在特定领域中吸引几家大型跨国企业进入，从而引来更多外商，"串"起了一批企业，形成跨国公司产业链。

内源品牌型产业集群模式：该类型产业集群多是以资金和技术密集型的工业部门为主，其形成往往是以一批具有竞争优势名牌大企业为主导，这些品牌企业规模较大，且创新和竞争力较强，与外界联系较广，进而带动了一大批进行专业化生产和配套服务的中小企业，最终形成了一个有机的产业生态。例如青岛的家电产业集群、长春的汽车产业集群等。

政府主导型产业集群模式：该类产业集群的形成，往往是以政府的直接指令或者政策引导为诱因，着眼于整个国家或地区的战略性发展规划，是增强国际竞争力的重要手段之一。例如我国的军事基地、军事研究院和武器研究室等，对沈阳、包头等地的产业集聚起到了决定性的作用。

四、产业集群的类型

按照集群的产业性质，产业集群分类如下。

（一）创新型产业集群

创新型产业集群以创新型企业和人才为主体，以知识或技术密集型产业和品牌产品为主要内容，以创新组织网络和商业模式等为依托，以有利于创新的制度和文化为环境的产业集群。与模仿型产业集群相比，其创新程度较高；与劳动密集型产业集群相比，它属于知识或技术密集型产业集群；与传统产业集群相比，它属于现代产业集群。比较典型的创新型产业集群有美国的"硅谷"、中国台湾地区的新竹、印度的班加罗尔、北京的"中关村"。

创新型产业集群的基本特征如下。

一是拥有大批致力于创新、不断开展创新活动的创新型企业、企业家和人才。

二是集群内的主要产业是知识或技术含量较高的产业，如高新技术产业和知识或技术密集的其他产业。

三是具有创新组织网络体系和商业模式，在产业集群内和周边地区有较多较好的高等院校、科研机构、行业组织、中介机构、金融机构、公共服务机构、市场组织和技术基础设施等，拥有不断创新的商业模式，拥有一个或若干个在国内外市场上较有影响的品牌产品。

四是具有有利于企业创新的制度和文化环境，如鼓励企业创新的法律和政策环境，鼓励创新、相互学习、容忍失败的文化氛围、致力于创业和创新的企业家精神等。

创新型产业集群按照产业类型可分为传统产业创新型产业集群、高新技术产业创新型产业集群。按照创新类型可分为产品或技术主导创新型产业集群和商业模式主导创新型产业集群，创新型产业集群不仅包括产品创新、技术创新等，还包括商业模式创新、渠道创新、品牌创新等。

（二）资源型产业集群

资源型产业集群是以资源型产业发展为前提的。资源型产业是以资源开发利用为基础和依托的产业，其中自然资源占据主体核心地位，由资源优势所决定的资源型经济循环体系成为其显著特征。

基于产业集群理论，结合资源型产业的特殊性，人们认为以自然资源开发利用为基础，以资源生产加工为纽带，具有产业内在联系，且在地域上集中的产业群落可称为资源型产业集群。如煤炭、钢铁、有色金属冶炼生产基地等，以国有大中型企业为核心的区域性资源型产业集群，它们为国家和区域的发展做出了巨大贡献。

资源型产业集群的基本特征如下。

一是主要依托特定自然资源（如煤炭、石油、矿石）发展起来的，因而具有单一的产业结构和简单的供应链形式，互补性、网络性的集群特征很难在资源型产业集群得到体现。

二是资源型产业集群内各成员间的关系更多体现在自然资源的供应关系上，这种关系限制了与其他产业部门和服务机构间进一步合作关系的开展，其结果是资源型产业集群内各成员间的关系更多地表现为一种直线式关系而不是网状的。

此外，从产业组织结构看，大体可以把产业集群分为两种类型：即大中小企业共生型和小企业群生型。前者是不同规模企业形成的综合体，既有一些规模较大、创新和竞争能力较强、与外界关系较广的大企业，也有一大批进行专业化生产和配套服务的中小企业，二者有机构成一个大中小企业共生互助、协调发展的产业群落。后者则是由众多的中小企业按照专业化分工和产业联系，共同形成一个互动互补、竞争力较强的有机的产业群落。

第二节　我国中小企业集群的发展现状与存在的问题

一、中小企业集群的定义与特征

集群化已经成为中小企业的发展趋势。马歇尔（1890）首次对中小企业集群进行了研究，他认为这种中小企业大量集聚现象的产生是由于"外部经济"的存在——如专门人才及专门机械等。本书认为中小企业集群是指以一个主导产业为核心的相关产业或某特定领域内大量相互联系的中小企业及其支持机构在该区域空间内的集合。中小企业集群被视为是最有效的产业空间组织形势，是衡量某一国家或者区域核心竞争力的标杆及载体。以中小企业为主的企业集群，由于其能够快速适应市场变化、满足顾客个性化需求而日益得到迅速发展。

中小企业集群具有以下特点。

（一）集群内分工与协作机制明确

中小企业集群是大量中小企业在某一空间内所实现的一种集聚现象，这些中小企业相互之间存在某些关联性；中小企业集群将空间内聚集的中小企业集结在一起，在纵横交错的网络关系中明确各个企业的职责，以实现产业链的分工与协作。以宜兴官林电缆产业集群为例，该集群经过30多年的市场竞争和产业发展，形成了电缆产业链，并通过细致的分工，有的中小企业进行铜材电缆生产、有的中小企业生产涂料化工和塑机电子，从而就产生了联系密切、共同协作、分工明确的中小企业产业集群。

（二）利益分配方面，资源共享凸显

集群内的中小企业形成了高度的供需依赖关系，可在集群内部实施采购任务，这在一定程度上减少了采购成本，促进了中小企业之间的资源共享、加强了合作。以浙江乐清市低压电器产业集群为例，低压电器的生产需要由成千上万的零配件组装而成，如果一家企业对这些零配件进行自主生产，其工作量巨大，以集群的形式可满足80%以上的原材料采购需求。同时，随着该集群的发展，吸引了外地供货商加入，也可在本地完成采购，节约了采购成本。

（三）渗透率高，市场竞争力强

通过长期积累所形成的中小企业产业集群，集群内的中小企业快速发展，逐渐与专业市场进行接轨，通过交流与合作，产业集群通过专业的营销手段在专业市场日益显现出市场竞争力。

二、我国中小企业集群的发展现状

纵观世界各国中小企业的发展历程，不难发现，其发展越来越呈现出一个共同的特征——集群化。截至 2021 年，我国中小企业数量已达 4881 万家，占全部企业数的 99%，其工业产值、实现利税和出口额分别占全国相关总数的 60%、40% 和 60% 左右，并提供了 75% 的城镇就业机会。目前我国的中小企业已呈现出明显的集群化发展特征，从地区分布来看，东部沿海地区是中小企业集群最集中的地方，东北地区、中部地区和西部地区也存在着一定数量的产业集群。这些中小企业通过集群化发展，不仅促进了企业本身的发展，还使得这些集群所在区域享誉国内外。

（一）中小企业集群集中分布于东南沿海地区，中西部地区相对较少

我国的中小企业地域分布不均匀，主要以地理位置优越，经济发达的东南沿海地区为主，其中江、浙、沪包邮区的中小企业占比第一。同时东部沿海地区的产业集群数量占全国总数的 80%，主要分布在苏、鲁、粤、浙四省。制造业是中小企业集群发展的主要产业，通过对地区的划分，分别对我国东、中、西三个地区的集群数量做了统计，三个地区的集群数量分别为3 650、557、418，数量比约为 80∶12∶9。中、西部集群数量相差不多，但与东部地区相比具有较大差距，其中苏、鲁、浙、粤四省的中小企业集群数量占东部地区总数的 69.2%。而西部和中部的省份中小集群数量很少，因为地区发展不平衡、经济相对落后，导致中小企业发展也较缓慢，尚未达到一定规模，难以形成产业集群。

（二）东部地区优势产业较多，中、西部地区主要是资源型产业集群

东部地区大多数省市处于沿海地区，资源丰富，相关统计部门对东、中、西部地区的优势产业进行了测算，选用区位熵作为衡量相对优势产业的指标。可以看出，三个地区区位熵大于 1 的优势产业中，中部和西部的优势产业数量相当，而东部地区优势产业数量约是另外两个地区的 2 倍。而且东部地区优势产业行业种类繁多，几乎涉及制造业的各行各业，不仅包括技术含量低的食品加工业、木材加工业，还包括技术含量高的电器机械制造业、计算机、通信设备等产业。从中、西部地区的产业分布情况来看，主要是以资源型产业为主，依靠天然资源来发展相关产业，例如石油加工、炼焦及核燃料加工业、有色金属冶炼等产业。

（三）中小企业集群的主导产业呈现多元化，贯穿传统行业与新兴行业

我国中小企业集群覆盖面广，不但涵盖了服务纺织、服装、皮革、电、汽摩配件、金属制品、工艺美术等传统领域，在信息技术、生物工程、新材料、文化产业等高技术领域也开始迅猛发展。中国产业集群发展报告中用聚集指数对我国制造业的主导产业集中情况加以分析，聚集指数排在前三的分别是可化学纤制造、烟草制品、饮料制造，分别是 0.54、0.52、0.51，之间的差距虽然不大，但是其集聚程度在制造业中处于领先位置，说明这些产业更容易形成中小企业集群。从以上产业自身的特点来看，其中一些产业自身规模较大、聚集指数也相对较高，导致行业总体上呈现出比较显著集群现象，比如化工、电子行业。还有一些产业因为其规模小、所在区域个数少，集聚指数也相对较高，但这些行业所呈现出的集群现象并不显著，例如行业要求技术含量高的交通运输制造业。还有一些行业受资源限制，聚集指数高，行业整体的集群现象也较为显著，如烟草加工、饮料食品等。另外，还有一些产业的集聚指数很小，但集群化仍然很显著。出现这种情况主要是因为这类产业规模大、分布情况较为分散、涉及多个区域，从而导致行业集聚指数相对较小。

（四）产业集群以中小企业为核心，大型企业也在促进其发展

我国中小企业日益呈现出集群化特征，并在不断地转型升级，为了进一步扩大企业规模、提高企业竞争力，不仅需要政府的扶持，还需要大型企业的帮助，才能实现大中小企业、上下游企业等的集成、协同和动态演进。目前，国企等大型企业在引导中小企业集群式发展中参与度不高，主要还是依靠中小企业自身的相互合作。从上文的相关指标所呈现的信息来看，东部地区是中小企业集群化最早的地区，由于沿海地区起初的资源稀缺、规模小、起点低，导致中小企业密集。我国的纺织、服装、鞋业、玩具、家具等产业集群集中度较显著，究其原因：一方面放宽了这类企业进入市场的标准，导致规模效应不明显；另一方面，在复杂多变的经济形势和日趋激烈的市场竞争中，由于企业规模较小，经营机制灵活，容易进行转型升级。因而，我国众多此类产业集群均是以中小企业为核心，在大型企业支持下使其从零散、

杂乱状态走向系统化和有序化。

三、我国中小企业集群发展中存在的问题

中小企业集群化发展有利于加强企业之间的经济与技术联系，获得技术外溢，企业之间可以彼此吸收先进的技术与管理经验。集聚效应可以降低企业的生产成本，优化分工，共享市场信息，形成规模效应。此外，集群内部大企业与中小企业以及政府、大学、科研机构、行业协会、中介机构、金融机构等主体之间深度合作，协同创新，可以加快中小企业自身创新能力的提升。伴随政府的政策支持与推动，集群式发展逐渐成为区域中小企业发展的显著特征，各省市纷纷创建产业园区、工业园区、科技园区、创意园区等，集群化发展为中小企业竞争力的提升提供了可行的路径，但是由于目前还处于初步发展阶段，我国中小企业集群在发展过程中仍然面临一系列问题。

（一）集群内企业间的关联程度较低，集群创新不足

中小企业集群是对产业链整合的结果，集群内部应包含企业、中介机构、科研机构、政府等多方主体，形成相互关联的联合生产网络，才能达到知识溢出，提升创新效率，降低生产成本的效果。我国中小企业以劳动密集型企业为主，普遍技术含量低，企业之间缺乏合作意识，也没有有效的沟通渠道，造成生产效率低下。集群内产品同质化严重，极易引发恶性竞争。

另外，由于创新投资风险大，集群内所采用的技术多为引进和模仿，群内中小企业缺少研究与开发、设计人才，不愿自主创新，普遍缺乏持续创新动力，从而导致区内生产的附加值低且在产业竞争中缺乏优势。同时，企业与科研机构之间合作机制不健全，仅靠自行研制，或引进国外技术，消化吸收能力又不强，集群缺乏持续发展后劲。

（二）中小企业集群形成的产业网络不足，集群品牌意识淡泊

改革开放四十多年的发展历程中，我国涌现出很多特色中小企业产业集群，如河北省高碑店合成革集群、浙江省杭州丝绸产业集群、浙江义乌服装产业集群等，这些集群在全国已经有较高的知名度，但是集群内部却没有形成具有国际竞争力的品牌。中小企业规模较小，市场开拓能力较弱，缺乏营销人才与营销手段，而集群化发展可以为中小企业打造联合品牌创造条件。

但是就目前的发展情况来看，我国中小企业集群仍停留在个体简单销售层面，缺乏联合营销与集群品牌的培育意识。

此外，我国制造业中小企业集群中有相当大比例的企业主要从事贴牌加工，无自有品牌。组装加工环节处于价值链底端，附加值较低，附加值较高的研发设计、零部件制造、营销等环节被国内外大型企业把控，中小企业很难获得高额收益。

（三）集群内部公共服务平台发展滞后

产业集群内部公共服务平台为中小企业提供了信息发布和交流的场所，中小企业通过公共服务平台可以获取更加全面的市场交易信息，降低交易风险。此外，公共服务平台为政府与中小企业之间搭建了桥梁，在充分发挥政府的引导和促进作用的同时又避免了政府对集群的过度干预。

但是，目前我国中小企业集群的社会化服务系统不够健全，缺乏配套的公共服务体制。比如教育训练、品质检验、技术开发、环境保护、融资保证、产业信息、政策法律、行业标准、小企业孵化、内部竞争协调机制等中小企业急需的公共服务方面发展落后。此外政府的社会服务人员的服务意识不足，特别是技术服务人员，在一定程度上制约了中小企业的升级。

第三节　湖北省中小企业集群的概况与分布特点

一、湖北省中小企业集群概况

湖北省地处中国中部地区，东邻安徽，西连重庆，西北与陕西接壤，南接江西、湖南，北与河南毗邻，共辖 12 个地级市、1 个自治州。湖北省属于比较典型的资源依赖型集群模式，从分布的行业看，主要分布在汽车及零部件、纺织服装、食品加工、冶金、机电、电子信息、化工、建材、医药等行业，其中武汉市汽车产业集群效应已经开始发挥作用，在全国汽车业中已经具有一定的竞争优势，成为湖北省的优势产业之一。这些中小企业产业集群的形成，有效带动了湖北省区域经济的发展。经过湖北省政府与中小企业集群几年的共同努力，中小企业产业集群不断发展，规模扩大。

（一）集群数量不断增加，社会影响力不断扩大

2016 年，全省 96 个省级重点成长型产业集群，各项主要经济指标增幅均高于全省工业平均水平，实现销售收入 16 901 亿元，占全省规模以上工业主营业务收入 37.4%。2020 年在湖北 114 个重点成长型产业集群中，食品产业集群达 24 个，占总数的 21%。一大批更为完整的产业链和特色产业园区初具规模。咸宁市依托红牛、今麦郎、奥瑞金等龙头企业，重点打造功能饮料、植物蛋白饮料、果蔬汁饮料和茶饮料等健康功能饮品，完善"一瓶水"产业链；潜江市重点支持好彩头、虾乡食品等一批企业优化生产线，扩充产能，安井食品、周黑鸭等一批上市企业落户建设，交投莱克、柳伍水产、虾皇、楚虾王等小龙虾加工龙头企业集聚产业园，集群效应突显；黄冈市加快推进伊利酸奶华中生产基地、黄州区农副产品加工产业园、融园食品产业园、新南食品产业园、同一食品华莱士产业园、麻城农特产品加工产业基地等特色产业园区建设。

（二）产业集聚效应进一步凸显，创新能力不断提高

根据《2015 年全省重点成长型产业集群发展情况》，规模行业重点成长型产业集群呈块、线、流域状发展特征明显，县域集群"小特专精"特色更加鲜明。鄂州市金刚石刀具产业集群销售收入增长 21%，细分领域国内市场占有率超过 35%。大冶、松滋、稻花香、枝江四大白酒产业集群实现销售收入 568 亿元，带领湖北省白酒行业产量、销售收入分别进入全国前五和前三。白云边集团所在地松滋市被授予"中国浓酱兼香型白酒名城"，枝江酒业公司所在地枝江市被授予"长江中游浓香型白酒生产基地"。

近年来，湖北省中小企业集群快速发展，进行合理的产业链之间的分工协作，大大减少了产品研发和创新的投资额，使中小企业产业集群发展更方便快捷。

2011 年，科技部启动创新型产业集群试点培育，旨在通过推动产业链创新链"双链融合"，打造一批世界级的创新型产业集群。武汉东湖高新区国家地球空间信息及应用服务创新型产业集群，作为湖北省唯一入选全国首批创新型产业集群的试点，聚集了梦芯科技、高德地图、武大吉奥等一批领军企业，已形成包括上游地球空间信息数据获取、中游数据处理加工与运营服

务、下游系统集成及应用服务等在内的相对完整的产业链。

2021年8月，科技部火炬中心宣布全国再添43个产业集群。其中，湖北省新增随州移动应急装备、仙桃高新区非织造布、黄石先进电子元器件、孝感高新区高端装备制造等4个创新型产业集群。至此，湖北省国家创新型产业集群已达10家，数量位列全国第三、中部第一。

数据显示，截至2021年年底，全省10家国家创新型产业集群共集聚相关企业3 950家，其中高新技术企业1003家，占比25.39%；集群企业总营业收入2 547.94亿元，净利润164.95亿元，实缴税额32.94亿元；就业人数29.944 2万人，拥有有效发明专利711项，每万人拥有有效发明专利23.74项。

（三）政府大力扶持，平台建设不断完善

湖北省政府把中小企业集群的发展作为重点工作，制定了相应的发展目标，重点发展工业配套服务的产业集群；构建公共服务平台，以"政府推动、有偿服务、自主经营"为指导思想，为中小企业产业集群在融资、人才培养、技术攻关等方面提供帮助，加快中小企业的发展，带动全省整体经济的发展；为中小企业产业集群融资进行担保，让商业银行与产业集群构建一个有信誉基础的有效链接，为产业集群的技术和产品创新提供资金来源，提高了中小产业集群发展的效率。

根据《2015年全省重点成长型产业集群发展情况》，93个产业集群已建设技术创新、质量检测、信息咨询、人员培训等公共服务平台累计达832个，其中国家级公共服务平台45个。襄阳锻造、精密加工、模具、印刷包装等四大行业共性技术中心自建成以来，已经为集群内的近千家企业提供技术升级支持。黄陂区加快实施"临空产业示范园"规划，统筹整合有关部门搭建了担保、再担保、创业投资等科技金融服务平台，加快集聚国内外金融服务资源，开展适合科技型企业特点的科技金融创新，全力为该区服装产业集群服务。十堰等地成立的环境检测机构对园区开发状况和环境质量、区域产业定位、排污指标等进行环境综合评价，为加快产业集群创新企业发展创造了良好的环境空间。

二、湖北省中小企业产业集群介绍

湖北省经济和信息化厅公布了2020年湖北省重点成长型产业集群名单，指出各地经信部门要进一步指导推进省重点成长型产业集群建设工作，强化政策引导，优化培育模式，提升服务水平，在产业规划布局、重大专项安排、公共服务平台建设等方面集中资源重点支持，提升产业基础能力和产业链水平，推动制造业高质量发展。具体名单如下。

武汉市：武汉市黄陂区服装产业集群、武汉市东西湖区食品加工产业集群。

黄石市：黄石市服装产业集群、黄石市模具产业集群、黄石市（阳新）化工医药产业集群、黄石市汽车零部件产业集群、黄石市下陆区铜冶炼及深加工产业集群、大冶市饮料食品产业集群黄石（大冶）高端装备制造产业集群、黄石市电子信息产业集群、黄石市节能环保产业集群、黄石智能物流输送成套装备产业集群。

襄阳市：襄阳市汽车及零部件产业集群、襄阳市再生资源产业集群、襄阳市电机节能控制产业集群、襄阳市樊城区纺织产业集群、襄阳航空航天产业集群、老河口市食品产业加工产业集群、襄阳市（襄州、南漳）农产品加工产业集群、枣阳市汽车摩擦密封材料产业集群、谷城县汽车零部件产业集群、宜城市食品加工产业集群、襄阳市襄州区智能轨道交通产业集群、谷城县纺织智能制造产业集群。

荆州市：荆州市（公安）汽车零部件产业集群、荆州开发区白色家电产业集群、荆州市沙市区针纺织服装产业集群、荆州市荆州区石油机械产业集群、松滋市白云边酒业产业集群、荆州市（监利、江陵）家纺产业集群、公安县塑料新材产业集群、石首市医药化工产业集群、洪湖市石化装备制造产业集群、荆州市荆州区拍马林浆纸印刷包装产业集群。

宜昌市：宜昌市磷化工产业集群、宜昌市医药产业集群、宜昌市夷陵区稻花香酒业产业集群、枝江市枝江酒业产业集群、枝江市奥美医用纺织产业集群、宜都市装备制造产业集群、宜昌市（长阳、五峰）健康食品产业集群、当阳市建筑陶瓷产业集群、宜昌市茶产业集群、宜昌数控机电装备高新技术产业集群、宜昌市新型显示及智能终端产业集群、宜昌市有机硅新材料创新基地产业集群。

十堰市：十堰市商用汽车产业集群、十堰市生物医药产业集群、十堰市郧阳区铸锻件产业集群、丹江口市汽车零部件产业集群、十堰市竹房城镇带有机食品饮料产业集群、竹山县绿松石产业集群、十堰市张湾区智能装备制造产业集群。

孝感市：孝感市电子机械产业集群、孝感市（高新区、汉川）纺织服装产业集群、汉川市食品产业集群、孝感市孝南区纸品产业集群、应城市化工产业集群、安陆市食品加工（含粮油加工装备）产业集群、云梦新材料产业集群。

荆门市：钟祥市磷化工循环产业集群、荆门市东宝区绿色建材和装配式建筑产业集群、钟祥市农产品加工产业集群、京山县智能制造产业集群、沙洋县新材料产业集群、荆门市东宝区电子信息产业集群、荆门高新区·掇刀区化工循环产业集群、荆门高新区·掇刀区再生资源利用与环保产业集群、荆门高新区·掇刀区新能源动力电池产业集群、沙洋县绿色食品加工产业集群。

鄂州市：鄂州市金刚石刀具产业集群、鄂州市重型机械制造产业集群、鄂州市经济开发区工程塑胶管材产业集群、鄂州葛店生物医药产业集群。

黄冈市：黄冈市华夏窑炉产业集群、武穴市医药化工产业集群、蕲春县李时珍大健康产业集群、鄂东（麻城、浠水）汽车配件产业集群、黄冈大别山区食品饮料产业集群、团风钢结构产业集群、中部麻城石材产业集群、鄂东（黄梅、龙感湖）纺织服装产业集群。

咸宁市：咸宁市机电产业集群、咸宁市咸安区苎麻纺织产业集群、咸宁市现代森工产业集群、嘉鱼县管材产业集群、通城县涂附磨具产业集群、赤壁市纺织服装产业集群、赤壁市砖茶产业集群、通山县石材产业集群、崇阳县钒产业集群、通城县电子信息基材产业集群、咸宁高新区军民结合产业集群、赤壁市应急装备制造产业集群、赤壁市电子信息产业集群。

随州市：随州市专用汽车及零部件产业集群、随州市曾都区铸造产业集群、随县香菇产业集群、广水市风机产业集群、随州电子信息产业集群、随县石材产业集群。

恩施州：恩施州富硒茶产业集群、恩施州（恩施、利川、建始）富硒绿色食品产业集群、恩施州（咸丰、来凤）绿色食品产业集群。

仙桃市：仙桃市无纺布产业集群、仙桃市食品产业集群、仙桃市汽车零部件产业集群。

潜江市：潜江市经济开发区化工产业集群、潜江市华中家具产业集群、潜江市特色食品产业集群、潜江市光电子信息新材料产业集群。

天门市：天门市医药产业集群、天门棉花产业集群。

神农架林区：神农架生态产业集群。

三、湖北省中小企业产业集群分布特点

本书主要以湖北省重点成长性产业集群为对象，对中小企业集群分布特点进行研究分析。根据湖北省 2021 年 1 月 12 日公布的 2020 年湖北省重点成长型产业集群名单，显示共有 114 家产业成为重点关注集群。其中，武汉市占 2 家，黄石市占 10 家，襄阳市占 12 家，荆州市占 10 家，宜昌市占 12 家，十堰市占 7 家，孝感市占 7 家，荆门市占 10 家，鄂州市 4 家，黄冈市占 8 家，咸宁市占 13 家，随州市占 6 家，恩施州占 3 家，仙桃市占 3 家，潜江市占 4 家，天门市占 2 家，神农架生态产业集群 1 家。

（一）数量增长快

湖北中小企业产业集群整体发展非常迅速。据统计，湖北省重点成长性产业集群从 2008 年的 50 家发展到 2020 年的 114 家，中小企业产业集群在数量上有着非常明显的提升，特别是地级市的中小企业集群发展加速，主要原因是企业通过各区域的资源优势形成具有特色的产品或产业，这些具有明显区域性特色的产业集群得到了政府的关注和支持，方便了这些具有明显地域特色的产业集群的发展和扩大。

（二）发展不平衡

从单一市区来看，中小企业产业集群发展不是很平衡，有的地区重点产业集群多达 13 个，最少的地区才一个，其原因是湖北产业集群发展分工不明确，会出现多个市区同时重点发展同样的产业类型，例如武汉市新洲区钢铁制品产业集群和黄石市下陆区铜冶煤炼及深加工产业集群。各区域产品的发展优势和资源不相同，分散性的利用有限资源使湖北省整体的经济发展受到很大的

影响。如若统一在同一区域内依靠地理或资源优势通过资源整合，重点培育某一区域的某一个有区域特色类型的产业，会大大加快全省经济发展速率。

（三）以武汉为发展中枢，带动周边集群发展

从分布数据来看，湖北省中小企业产业集群主要分布在武汉周边，便捷的交通使相邻区域间能形成有效的产业链分工，一来加快各地区中小企业集群的发展速度；二来形成小范围的资源合理利用，有利于经济的增长。同时，便捷的交通为原材料的运输节约了时间成本，提高了各企业的生产效率，有利于协作双方信誉度的构建，形成良性的结合。而且，双方基于长期协作的信誉，加大了双方企业间的交流与联系，为中小企业产品和技术的创新提供了有效的途径。

第四节　中小企业集群发展中的人力资源管理研究

四十多年的改革开放和经济建设，国内纷纷大力发展符合地方具体情况的中小企业集群，如浙江的"块状经济"、广东的"专业镇"等。然而，近些年来，产业集群面临着许多新的挑战：环境资源的约束要求许多产业集群摒弃过去的粗放经营发展方式；全球化信息化时代的到来推动着各地产业布局的调整；特别是我国劳动力市场发生的巨大变化——供求结构失衡、人口红利逐渐消失、新生代劳动力进入市场、劳动力成本上升、雇员时代的到来等，各地频频出现"民工荒""招工难""员工流失率高"等人力资源挑战，这些人力资源方面的挑战要求认真思考产业集群发展中如何获取持续稳定优质的人力资源支撑的问题。

人力资源是企业生存和发展的第一资源，其服务水平直接关系到产业结构是否能顺利调整和升级。产业集群本质上是一个地区产业结构的调整、演变和升级，不能脱离人力资源的支持。因此，研究产业集群与人力资源管理的关系，进一步分析人力资源如何优化才能更好的服务于我国中小企业集群，具有重要的理论价值和现实意义。因此，本节主要把人力资源管理的研究从注重微观层面的企业人力资源管理提升到注重中观层面的产业人力资源管理。

一、有关产业集群发展中人力资源管理方面的论述

在传统产业集群经典理论中，学者们对产业集群发展中的人力资源管理问题进行的研究不多，仅有部分学者探讨了产业集群中的劳动力问题，也主要是从经济学视角谈对产业集群发展中人力资源要素的重要性，较少从管理学角度谈如何来营造和发挥产业集群发展中的人力资源的效率。

马歇尔就产业集群中雇主和雇员互相吸引作过论述，在最早期的经济发展阶段，一个地方化的产业提供了一种稳定的技术市场，因此获得了很大的优势。雇主们常常把希望寄托在他们有很大的机会找到他们所需要的具有特殊技能的工人的地方，而寻找就业机会的人很自然地去有许多需要他们技术的雇主的地方。一个孤立的工厂主，即使他可以很容易雇到大量的一般劳动，也经常苦于得不到具有某种特殊技能的劳动……雇主们往往到能找到他们所需要的具有优良的专门技能的工人的地方去，同时，寻找职业的人自然会到有许多雇主需要他们具有的技能的地方去。

韦伯的工业区位理论从运输成本和劳动力成本以及聚集因素本身等视角解释了产业为什么会在某地区集中。他将产业聚集高级阶段的因素具体分为两个方面：技术设备的发展、劳动力组织的发展。韦伯指出一个充分发展的、新颖的、综合的劳动力组织也十分"专业化"，因而促进了产业向地方集中。

可见，虽然马歇尔和韦伯都关注了产业集群中劳动力要素问题，但对产业集群中人力资源的集聚如何组织和管理并没有深入地研究，即从管理的角度没有提供可操作的方案。

近年来，国内学者开始关注产业集群发展中的人力资源管理问题，就产业集群与人力资源管理关系进行了探究。研究大致包括几个方面：探讨产业集群如何有利于人力资源的集聚或者人才的发展培养；探讨产业集群发展中人力资源的重要性；有的论及了产业集群与人力资源集聚的互动关系；也有的涉及产业集群的人力资源支撑支持问题的研究。这些研究触及了产业集群发展中人力资源的问题，给后人全面系统地研究产业集群发展中的人力资源问题提供了一定的基础和较好的启迪。

宁敏静（2010）的硕士论文《赣州有色金属产业集群发展中的人力资源开发问题研究》论述了产业集群发展与人力资源集聚的辩证关系，指出基于

社会资本理论，人力资源集聚可以促进产业集群发展，反之，综合产业集群所具有专长就业、技术外溢、企业衍生等因素，产业集群发展将加速人力资源集聚。论文探讨了产业集群发展中人力资源开发所具有的特点，建议政府和公共部门要建立产业集群内部服务平台，加强企业之间的联系；建立产业集群内部协调机制，提高产业集群人力资源整体水平。

胡鹏（2020）的博士论文《恩施州茶产业人力资源开发研究》结合恩施州茶产业与人力资源开发的现实，提出创业人力资源、基础人力资源、关联产业人力资源、市场人力资源的分析工具，并运用这个工具研究恩施州茶产业人力资源开发存在的问题与成因，进一步完善恩施州茶产业人力资源开发的整体战略，即整体强力超常规开发，创业人力资源与关联产业人力资源重点开发，基础人力资源整体协同开发，市场人力资源融合开发。

王梓（2021）的硕士论文《新疆丝路之星人力资源服务产业园运营发展策略研究》，对上海、中原、苏州、成都、西安等全国优秀人力资源服务产业园以及已有的新疆人力资源服务产业园进行梳理，对新疆丝路之星人力资源服务产业园运营发展现状进行深入分析，发现其在战略定位、盈利模式、业态分布、园区服务、品牌宣传等方面存在一定不足。最终提出"精准发展定位，打造保障梯队""转换盈利模式，拓展创新渠道""完善服务链条，升级服务业态""打造供需平台，优化发展环境""建立宣传体系，提升品牌形象"的发展策略优化建议，以更好地服务广大企业对人才及人力资源服务的需求。

综上，国内外的产业集群方面的研究都将对产业集群关注的重点放在了自然资源、地理交通、政策环境、信息沟通、知识技术、资金设施投入等方面，而对于产业集群发展中人力资源的因素关注得不够。就人力资源研究的现状而言，现有人力资源研究更多地关注了微观层面的人力资源管理问题，而对中观层面——产业集群的人力资源管理问题却重视不够。

二、中小企业集群中的人力资源管理优化策略

（一）注重人才大数据工程，提升知识型人才引进与晋升渠道

知识是最基本的生产要素，较高的知识要素资源能够降低生产成本，提升产品附加值，提高企业生产效率，驱动企业可持续发展，不断升级产业集

群，以解决"产业集群低度化发展状态"的问题。

第一，集群内的企业应注重人才大数据积累，把握大数据发展人才优势，进一步拓宽知识型人才引进途径，围绕产业集群对各层次、各类别的人才需求，引进适应产业发展方向的全球顶级知识型人才。第二，拓宽人才晋升渠道，建立健全考核与奖惩制度，加强员工培训，提升企业整体知识水平和综合素质。

（二）加强校企合作形势，构建技能型人才培养机制

我国要从制造大国转变为先进制造强国，一方面缺乏高端科技创新人才，另一方面也严重缺乏技术精干的高级技能人才。根据新技术、新材料、新工艺、新设备等对技能型人才的需求，及时、充分、高质量地提供技能人才是解决"重点产业技能人才缺乏"的重要手段。

第一，技术是产业集群的基础，技术教育是高等职业教育的核心要义，因此要顺应当前产业集群升级的需要，创新发展高等职业教育，积极培育重点产业急需的一大批高端技术技能型人才。第二，加强校企合作，建立高水平专业化产教融合实训基地、高技能人才公共实训基地等多种形式，全力解决产业技术工人缺口。第三，探索职业技能等级认定工作实施办法，引导企业发挥技能型人才培养主体作用，健全职业技能竞赛体系，深入开展职业技能提升行动，使技能人才大有可为、也能够大有作为。

（三）推行人才强国战略，提升科技创新人才创新能力

全力构筑我国产业集群高端人才建设高地，研发原创成果，提前布局专利，强化科技创新能力，实现核心技术自主可控，以解决"自主创新能力不足"的问题。

一是推行人才强国战略，启动"院士经济"工程、特色产业工程师协同创新等高端人才建设，省市县、部门、高校合力引进一批具有全球视野和国际水准的高端引领人才、硕博人才和高水平创新团队、重点科技优质项目等，同时也赋予领衔科学家更多自主创新权。二是深化科教融合协同育人，完善创新科教融合、产学研结合的人才培养模式，与高校、科研院所、研究机构建立协作机制，使实验室创新产品真正走向产业化。

（四）营造竞争性的政策福利，建立优秀人才保留机制

首先，医疗、住房、子女教育资源、生活环境等城市公共服务越来越成为吸附人才的"关键小事"，加大子女入学、住房保障、医疗服务、薪酬奖励、居留和出入境便利、办税金融服务等方面的保障服务力度。其次，全力推进人才创新创业全周期"一件事"改革，按照"放宽政策、简化手续、提升效率、创新服务"原则实现人才全周期事项，用更加优质的服务和宽松的政策环境吸附从高端到技能、基础的产业人才。最后，研究制定更具竞争力的人才新政策，并对产业集群内的紧缺人才给予适当的倾斜，健全人才生态链，构建更加完善的覆盖引才、育才、用才、服务人才等"全链条"人才政策保障机制。

（五）加强专业人力资源队伍培养，建设人力资源服务产业园

加强专业人力资源队伍引进和培养力度，持续为产业集群提供丰富的全链条人力资源服务，让产业从集中走向集聚，布局更加科学。

一是积极在产业集群内建设人力资源服务产业园，通过政策引聚、自主招商等方式吸引国内外知名人力资源服务机构入驻产业园，因地制宜精准服务各地区先进制造的全产业链，避免各地低水平重复与无序竞争；二是抓紧启动人才集团运营，组建具有强大市场竞争力的人才引领企业，为集群内部的各企业提供专业、深入的服务，注重产业之间的联系，全面建立战略合作伙伴关系，企业间专业化分工协作，打造上下游全产业链；三是开展"专家进企业"服务活动，邀请人才工程培养对象、高级职称专业技术人才等进企业、访企业，发挥"智囊团"作用，帮助企业解决集群路上的技术创新、市场拓展、人才引育等方面的突出问题，为集群发展把脉，为集群内企业排忧解难。

三、中小企业集群中的人力资源协同管理模式

在产业集群的环境下，中小企业的人力资源协同管理模式是指在集群内实现人力资源的共建、共享、共赢，打破传统企业单兵作战的模式，提高整体的人力资源利用效率。具体而言，就是企业在人力资源战略方面推行的不是单个企业的人才战略和规划，而应该抱成一个区域行业的整体，建立一个

统一的大规模的行业人力资源库，为行业内各个企业所用。

（一）员工招聘方面的协同管理

协同管理模式下，各个企业在员工的招聘环节中必须树立起人才资源共享的意识，这就要求：第一，企业在对外进行招聘时，可以集中区域集群内企业的要求进行规模活动，以此提高招聘活动的效率，并降低单个企业的招聘成本；第二，在集群区域内，企业间要建立通畅的员工流动渠道，一方面便于人员交流和互补，另一方面使得人才在产业集群内部进行有秩序的自由流动。在企业间人才的竞争实际上是人力资源一种有效的配置，只是这种竞争需要在区域内和企业间有序进行。

（二）员工培训方面的协同管理

由于个体企业的发展与整个区域产业集群的发展是息息相关的，在协同管理模式下，企业员工培训的理念也必须转变到集群的思路上来，无论是培训的形式，还是培训的内容都应该在整个区域集群内进行思考和安排，然后再结合自身企业的实际作出具体的设计。在产业集群的环境里，各企业应该以一种开放的姿态面对企业间人才的流动和竞争，以一种共荣的理念来进行企业的员工培训，如此，对于培训的一大风险将在企业整体合作的防护墙中得以规避。

此外，在协同管理的理念下，充分发挥产业集群的整体优势，与当地的培训学校进行联合培养，推动和支持当地培训学校和培训机构的发展与建设。并送员工进入学校深造，通过这种方式来提升各企业的培训效率、降低培训成本，这也是协同管理的一种实际表现。

（三）员工绩效考核方面的协同管理

企业的绩效管理活动中，对员工技能或职业能力的评价是其中重要的一部分，就单个企业来讲，绩效结果的考核以及工作态度等的考核可以自设标准、独立进行，但对于员工技能或职业能力的考核却需要行业的认定和评价，这实际上就是人员考核上的一种协同管理。以制造类产业集群为例，对于操作类员工的技能性标准的制订适宜由当地行业协会统一进行，以此作为规范化的评价依据，各个企业再根据自身企业发展的要求，合理设定企业内部的具体考核标准，如此，将规范整个行业类员工工作的操作规范和评价体系，为企业的招聘和培训提供依据，有利于帮助整个行业打造一支强大的职业化队伍。

（四）员工薪酬管理方面的协同

未来的企业面临着产业升级、高速发展的新阶段，人才是其中最为重要的推动力，薪酬管理在人力资源管理方面不仅要发挥出保障功能，还需要凸显其激励作用。由于未来这些企业在人力资源管理方面的发展走协同管理的思路，故而在薪酬竞争力方面也要体现整体行业优势。为了保障整体的薪酬优势，本地行会有必要制订工资指导线，作为对本地企业薪酬水平的引导。具体而言就是明确工资下线、上线以及基准线，下线设置的目的是保证行业内个体企业的公平性；上线是为了防止行业内企业间的恶性竞争，但并不排斥部分企业灵活的激励性薪酬制度，可通过税收的形式进行调节；而基准线则是为了保持行业整体的薪酬竞争力。这样做的结果是一方面保证企业薪酬对外具有吸引力，另一方面对内避免企业间的恶性竞争。

此外，在协同管理模式下，企业间可以共定协商机制，包括在区域内形成人员关系协调机制、员工心理辅导机制以及文化建设机制等，从而形成一个庞大的人力资源管理网络，由这个网络所形成的巨大张力将使集群区域内的每一个企业获益，从而使得各个企业的人力资源管理更具效力和活力，推动企业的升级换代和快速发展。

第五章　企业孵化器与人力资源管理服务研究

第一节 孵化器的基本概念介绍

中小微企业在增加就业、促进经济增长、科技创新与社会和谐稳定等方面具有不可替代的作用，对国民经济和社会发展具有重要的战略意义（袁剑锋，许治，2018）。扶持初创企业生存发展成为政府部门关注的重要工作之一。初创企业孵化器通过提供基础创业服务和创业资源对接，对初创企业的存活发展发挥了重要作用。

一、创业孵化器的内涵

创业孵化器对于培育高科技公司、培养企业家与高端人才、引领科技发展、解决当地就业问题等起到很大的作用。美国企业家 Joseph Mancozo 在1956 年提出了"创业孵化器"的想法。在美国的贝多维亚地区，曼库索家族低价买入当地一家破产的工厂，通过将工厂建筑划分为多个单元，整装后租赁给创业企业，以满足中小企业的办公需求，这家工厂被命名为"贝多维亚工业中心"，其开创的短期租赁给小企业的模式非常成功，进而成为世界上第一家企业孵化器，最后逐渐发展为贝多维亚工业园。创业孵化器逐渐发展成为培育新技术公司的重要模式。

通过文献的梳理，国内外对企业孵化器的界定基本相同。美国的企业孵化器被称为企业创新中心或技术孵化器等，德国孵化器被称为创新中心，以色列把孵化器称为高技术培育中心，在挪威人们把企业孵化器称为"创新就业系统实验室"，我国一般称之为高新技术创业服务中心。对企业孵化器的名称不同，但各国孵化器的总体目标基本一致，那就是扶持新创科技型中小企业，使之生存和发展，同时增加社会就业，带动地方经济发展。

（一）著名国际机构的定义

国外关于企业孵化器的定义略有不同，但都主要强调扶持中小型科技创业企业，扩大就业，为地区经济发展做贡献的作用等方面。

1.联合国开发计划署给出的描述

孵化器是一种受控制的工作环境，而这种环境专为培育新生企业而设计，他们想创造一些有利条件来训练、支持和发展那些成功的小企业家和盈利的企业，并为地区经济提供活力。

2.美国企业孵化器协会

科技企业孵化器是为新创立公司提供一系列的援助计划，通过内部的专门技术与共用技术、共用资源网络来提供商业及技术援助的渠道。科技企业孵化器重点针对新创立的企业在其刚刚成立、最容易受伤的阶段中提供所需的帮助，并且促进新生公司的成长、技术转移及当地经济的繁荣。

3.科技企业孵化器之父的 Lalkaka（2006）的定义

科技企业孵化器是一种企业辅助机构，为企业家提供合理的建议、忠告和服务，并根据需要作为其他人及资源服务的转换中心。

4.国际科技企业孵化器协会的定义

科技企业孵化器借由提供如办公室中基本的支持服务，加上复印机、传真机等办公室设备，并借由本身的专门技术，与其他资源网络来提供各种援助渠道，促进新创企业的成长、技术提升、经营繁荣与经济发展多元化。所以科技企业孵化器的服务对象是新创企业，方法则借由提供支持服务来增加新创企业的经营绩效。

（二）国内有关企业孵化器概念的界定

国内对科技企业孵化器的界定因研究的范围和目的不同表现出一定差异。

中国科技部火炬中心将孵化器定义为"培育和扶持高新技术中小企业的服务载体"，通过为新创办的科技型中小企业提供物理空间和基础设施，提供一系列的服务支持，降低创业者的创业风险和创业成本，提高创业成功率，促进科技成果转化，帮助和支持科技型中小企业成长与发展，培养成功的企业和企业家。

从中可以看出，国外对企业孵化器的定义主要强调企业孵化器的资源配置和服务功能，而国内对孵化器的界定主要强调企业孵化器对技术成果转化及扶持新创企业和培养企业家的作用。

二、创业孵化器的构成要素

创业孵化器是一个社会经济组织，在特定的空间提供集中和共享的资源和服务，促进高新技术企业的成长和发展（赵黎明、谢菲，2010）。孵化器从其本质上来讲就是为科技创新研究和科技创业活动提供社会资源和专业资源和服务的基础性中介服务机构。孵化器作为区域创新的重要载体，承担着重要的作用，最终的结果是朝着形成一个完整的孵化系统前进，同时会形成一个完整的网络化结构。

创业孵化器进行不断演化成长的过程，是由带有动态性的四种要素组成的，即孵化对象、孵化团队、孵化资源、孵化服务。这四种要素在孵化器内部进行互相作用。

（1）孵化对象：多为新兴的初创科技企业或项目发展的初级阶段，是被孵化的客体要素，在拥有核心技术产品和技术的团队领导下，前景非常广阔。

（2）孵化团队：是控制孵化器运行的主体，一般由科技人员和管理人员组成，以高效能的孵化管理为在孵企业的成长提供必要的孵化资源和服务。

（3）孵化资源：是孵化器运行的最基本要素，它可以分成硬件资源和软件资源，例如土地资源、厂房等是硬件资源，资金、技术和经验等是软件资源。孵化团队将孵化器内部的孵化资源进行高度整合，提供给孵化对象共享资源配置。

（4）孵化服务：是孵化团队提供给孵化对象特殊需求的各种服务的综合，包括房产、技术、担保和金融服务等。建立健全的孵化服务体系可以使孵化器系统进行孵化资源配置与供给的优化，使孵化器的利润空间多样化。

创业孵化器的实质就是一种培育和服务于初创中小型企业的机构。由于初创的中小企业对于资金、技术、硬件设备等的需求十分大，但是在自我满足这些需求时存在很大的困难。这时，创业孵化器便会对这些中小型企业提供一些服务，一个成熟的企业孵化器提供以下三方面服务。

①硬件服务。主要是有形的可视化条件，如企业发展所需要的办公场

地、实验设施等实物资源。具体来说，孵化器提供的硬件服务包括办公空间、公共实验室与生产工厂、基本通信设施、安全生产环境、公共设施、基础资产管理服务等。如供办公室、研究、生产和经营的场所，空调、水、电、电信、网络和企业家的运输设施；公共会议室、谈判室、培训室、公共办公室自动化设备（投影仪、复印机、扫描仪、传真机等）；以及娱乐场、咖啡厅、图书室、健身房等供交流用的小型通信环境。

②软件服务。软件服务更多是无形的服务，如企业经营理念与管理培训等。一般来说，在孵企业的大多数管理团队都处于职业发展的早期阶段，没有丰富的企业管理经验，市场业务不够稳定。企业孵化器围绕培育企业家的目标而实现。因此，创业孵化器需要关注孵化企业的基本需求，整合社会网络资源，对在孵企业进行定向指导，如开展创业教育和知识培训；帮助企业协调各种关系，实施各种优惠政策；宣传和扩大企业知名度；建立投融资渠道，为企业发展提供所需及时资金，减少资金压力；为企业提供咨询和策划的帮助，以确定目标市场；建立公共技术平台，支持企业技术创新；联络中介组织，提供一系列个性化服务，如财务会计、法律服务、信息管理等；参与国际交流、组织各种会展、拓展业务合作，开拓企业销售渠道；提供双向甚至多向的通信和沟通平台，促进企业间的理解与合作。

③资金支持。融资对于初创企业十分重要且艰难。初创企业早期需要种子基金和风险投资基金，上市前需要财务结构的改进，发展期商业运作中需要信用贷款等。创业孵化器可以为初创企业提供相关的种子资金；企业成长后，可以帮助企业建立与风险投资基金之间的桥梁，促进与风险投资基金的良好合作关系；在进一步扩大市场的同时，又能为企业提供贷款担保。很大程度上，企业孵化器在企业投融资体系中的作用是无法代替的，可以帮助初创企业使用投资基金实现价值提升，实行可持续发展。

三、孵化器的分类

（一）国内外学者的分类

（1）Smilor（1987）把企业孵化器按产权归属分为大学科技企业孵化器、私人型科技企业孵化器、公司型科技企业孵化器和社区团体支持型科技企业孵化器。

（2）Allen 和 Mc Cluskey（1990）按企业孵化器经营性质不同，将孵化器分为四种类型：营利性房地产型科技企业孵化器、非营利性企业培育型科技企业孵化器、大学支持型科技企业孵化器和营利性种子资金型科技企业孵化器。

（3）Lalkaka（1997）根据孵化器功能，将科技企业孵化器分为全功能服务型孵化器、虚拟孵化器、内部孵化器、特殊目的孵化器和中小企业发展中心。

（4）Sherman（1998）按照被孵企业业务类型将企业孵化器分为产品开发类科技企业孵化器、产品制造类科技企业孵化器以及混合型科技企业孵化器。

（5）肖健（2002）认为，按照资产性质和营运机制，可以把企业孵化器分为社会公益性企业孵化器和营利性企业孵化器；按照营运机制可以把企业孵化器划分为完全事业型孵化器、事业企业型孵化器和完全企业型孵化器。

（6）林强、姜彦福（2002）按照中国的实际情况将中国的企业孵化器划分为六种类型即综合性企业孵化器、专业技术企业孵化器、专门人才企业孵化器、国际企业孵化器、虚拟企业孵化器、企业集团或投资集团孵化器。

（7）李岱松等（2005）认为，根据企业孵化器的发展历程和整体特征，我国企业孵化器可以分为政府主导非营利性孵化器、社会团体企业集团举办的非营利性孵化器和纯粹营利性的商业孵化器三种。

（8）赵黎明等（2009）根据是否盈利，将企业孵化器分为营利型企业孵化器与非营利型企业孵化器。非营利型企业孵化器按专业特征又可细分为高新技术企业孵化器、留学生创业园、中小企业孵化器、专业孵化器等类型。非营利型企业孵化器按专业特征又可细分为高新技术企业孵化器、留学生创业园、中小企业孵化器、专业孵化器等类型。

（9）周柏祥等根据企业孵化器提供的服务类型，可把科技企业孵化器分为综合科技企业孵化器、国际企业孵化器、留学人员创业园、大学科技园、专业技术孵化器、国企孵化器、虚拟孵化器和孵化器网络。根据其外部特征可将科技企业孵化器分为综合性科技企业孵化器、专业技术孵化器、大学科技园、海外学人创业园、国际企业孵化器、孵化器网络、专利技术孵化器、流动孵化站、行业技术孵化器。

（10）林德昌等根据组织形态演变特征，将科技企业孵化器划分为经典综合企业孵化器、现代综合企业孵化器、专业技术企业孵化器、专门人才企业孵化器、国际企业孵化器、虚拟企业孵化器、创业投资集团孵化器。

（二）以技术形式划分

1.综合技术型孵化器

综合技术孵化器以为高新技术产业化服务为目标，按照火炬计划中规定的高新技术发展目录，孵化包括新材料、环保、机电一体化、信息技术、生物技术、航空航天技术等技术领域新创办的科技企业。创业者大多来自大学、科研院所、国有大企业等。近年来，股份公司和私营企业在企业孵化器中的比重呈上升趋势，其创业者来自社会各界。中国最初发展的孵化器基本上都属此类。

2.专业技术型孵化器

近年来，一些专业技术型的企业孵化器得到了较快发展。专业技术孵化器是以某一方面的专业技术的产业化发展为孵化目标的孵化器。一般是依托当地具有专业优势的高等院校、企业和研究机构，或结合自然资源创办。北京、上海、天津、西安、昆明等地兴建了生物、新医药、新材料、海洋高新技术、农业高新技术等专业技术孵化器，在孵化条件、服务内容和管理队伍上更加专业化，更加有利于孵化企业的市场开拓和规模发展。

同时，随着 IT 技术在中国的发展以及国家的特别鼓励措施，各地还建立了很多专门的软件技术创业服务机构——软件园。

3.特殊服务对象型的孵化器

特殊服务对象型孵化器是面对特殊人群或对象开展服务的孵化器，具体包括以下内容。

（1）留学人员创业园。留学人员创业园是专门为中国在国外留学的学生回国创业而设置的企业孵化器，近年来随着国家对吸引留学人员回国工作的重视而得到了快速发展。

苏州、北京、上海、天津等地依托原有的创业中心建立了留学人员创业园，为留学人员回国创业提供了良好的条件。企业孵化器的这一模式还进一步发展了中国原有的只有科技部门办孵化器的状况，人事部门、教育部门等也在留学人员创业园中扮演了主办者的角色，为海外留学人员和海外华人专家提供创业全过程、全方位服务，成效显著。

（2）国际企业孵化器。国际企业孵化器是为国外中小企业和研发机构到中国发展而创立的，目的是提升中国中小企业的国际化水平，促进中外企业的合作。国际孵化器不仅服务于外资企业，还与国外的企业孵化器、科学园区建立了包括培训、互换人员、建立伙伴关系等多种形式的合作关系。

（3）大学孵化器。大学孵化器的发展呈现良好态势，目前各大学纷纷建立孵化器，充分发挥高等院校在智力资源、信息资源和研究开发等方面的优势，利用高新技术产业开发区的优惠政策和软硬条件，促进高等院校的科技成果商品化，并积极支持青年学子和大学教师创办高科技企业。

（三）根据投资主体不同，企业孵化器一般有四种类型

（1）政府创办的孵化器。在发展的初级阶段，企业孵化器（或称创业服务中心）由政府全额投入，为事业单位，实行企业化管理，是政府职能的一种延伸，讲求社会效益，不强调直接的经济效益。

（2）园区创办的孵化器。科技工业园区就是科技成果产业化的特定区域。为了培育项目源，提高园区的创新能力，获得源源不断的科技项目，科技工业园向上游发展，建设企业孵化器，支持有发展前景的科技项目的孵化，孵化成功以后主要在科技工业园区进行产业化。

（3）科技园。大学聚集了丰富的人力资源，集中了先进的仪器设备与实验基地，沉淀了大量的技术创新成果。为发挥大学的技术资源优势和人才优势，促进大学科技成果转化，大学创办科技园，建立与社会资金、市场需求相结合的平台。

（4）合资或合作创办的企业孵化器。政府、房地产公司、投资公司、大学、科研机构等合资或者合作创办企业孵化器，是官、产、学、研、金相结合的一种形式。政府以科技经费投入并实行特殊的优惠政策；房地产公司以物业作价入股或者以物业投资收取租金；投资公司投入资金；大学、科研单位则鼓励科技成果到孵化器转化。投资主体多元化能使企业孵化器募集到充

足的资金，提供孵化企业的软硬条件和市场化运行的物质基础。

第二节　我国孵化器的发展历程与发展思路

一、国外企业孵化器的发展历程

国外企业孵化器的发展主要经历了三代的变革。

第一代孵化器于 20 世纪 50 年代在美国建立（Adkins，2002），并以各种形式（商业中心、创新中心等）传播到世界各地（EC，2002）。这一代孵化器主要作为办公空间的提供者并将公司聚集在同一屋檐下而开始被广泛应用（Adkins，2002；Lalkaka & Bishop，1996）。提供基础设施是其基本功能，包括在有利条件下出租给受助企业的办公空间，向企业提供的小型生产设施等。其中办公空间包括接待处、文书服务、会议室、停车场等，还可能包括更专业的资源，如实验室和研究设备等。

20 世纪 80 年代，随着创新和技术的进一步发展，第二代孵化器将其价值范围扩大到提供基础设施以外，而开始提供内部业务支持服务，以加速新公司的学习进程（Lalkaka & Bishop，1996）。在这一阶段，孵化器不仅仅提供办公空间和共享资源，还需要一些额外的特殊服务，如管理技能和经验，孵化器通过提供相关的培训课程可能有助于增加企业的知识存量，从而对企业的发展和绩效产生积极影响（Colombo & Grilli，2005）。

第三代孵化器出现在 20 世纪 90 年代，其强调通过外部网络提供服务（EC，2002；Lalkaka & Bishop，1996）。在这一阶段，网络是孵化器成功的最重要因素，从本质上说，通过孵化器促进外部网络的访问，可以简化资源和专门知识的获取，提供学习机会，并使新创企业能够更快地建立合法性。通过提供网络接入，创业孵化器正在帮助新公司克服其固有的资源短缺、缺乏资金、经验丰富的管理团队和能力等阻碍初创企业发展和随后成长的众多问题。

相较于前两代，第三代孵化器更注重为在孵企业提供知识密集的网络服务，实现其价值共创过程，具体包括提供商业咨询与创业指导服务、潜入更加广泛的网络等，网络化为获得在孵企业必需的技术、知识和合法化等有形资源和无形资源，促进形成网络、网络化服务将成为第三代创业孵化器的主要特征。

随着孵化器产业和组织网络化的实践发展，孵化器理论和实践越来越认识到网络孵化的重要价值。因此，新型的第三代孵化模式将更加关注组织的网络化过程，在更加广泛的范围内通过网络连接，以促进孵化器与在孵企业的联合价值创造过程。

二、我国企业孵化器的发展历程

近年来，中国企业孵化器发展迅速。1987 年诞生的"武汉东湖高新技术创业服务中心"是我国第一个企业孵化器，到 2019 年年底，全国已经建立各类孵化器 5 206 家，众创空间 8 000 家，共建立了国家备案的创业孵化载体 3 065 家，国家备案的专业化众创空间 73 家，在孵企业达 65.8 万家，科技型创业企业 21.7 万家，众创空间 44.1 万家，带动从业人数超 300 万人。目前，国内孵化器的建设水平已经跃居世界首位，为科技成果转化和培育科技型中小企业发挥了重要作用。我国孵化器的发展经历了以下三个阶段。

第一阶段：初创与稳步发展阶段（1987—1999）。1987 年 6 月 7 日，中国第一家企业孵化器——武汉东湖新技术创业者中心宣告成立，标志着中国走上了扶持中小科技企业的发展道路。1988 年，中国科技部成立了火炬中心，实施了旨在推进我国高新技术产业化发展的"火炬计划"，开启了我国孵化器行业发展的进程。在火炬计划中明确提出要对接中国国情，建立和发展以高新技术创业服务中心为代表的孵化器，明确了中国企业孵化器的使命是培育科技型中小企业和企业家。在一系列政策引导下，北京、杭州、深圳等地区开始着手建立孵化器，截至 1999 年年底全国已有 117 家孵化器成立。在该阶段，虽然国家对企业孵化器的功能定位比较清晰，但对于孵化器的服务功能仍在探索，多数孵化器所提供的服务主要集中在孵化空间和办公设施，以及简单的创业辅导。

第二阶段：迅速发展阶段（2000—2013）。2001 年科技部颁发了第十个五年计划中关于孵化器的计划，即《关于十五期间大力推进科技企业孵化器建设的意见》，意见规定：科技部决定把大力推进各类孵化器建设纳入十五科技规划当中，在引导和扶持力度上要不断加大，不仅要增加孵化器数量，还要进一步提高质量；在孵化器组织形式和服务形式上继续探索；把大学科技园、国家留学人员创业园、软件园等的建设提上日程。在十五规划纲要中提出要在开发区和工业密集区以及科技资源丰富地区建立孵化器，形成产业集聚，建设国家技术创新体系。孵化器十五规划期间是我国孵化器开始全面铺开建设时期。国家把孵化器建设纳入国家创新体系建设当中，全方位推进。企业孵化器的数量从 2000 年的 137 家增长到 2013 年的 1 467 家。在国有孵化器和大学科技园快速发展的同时，民营孵化器开始崛起。这一时期，孵化器不仅仅提供办公物理空间和简单的创业服务，还对科技企业和创业者提供创业资本支持服务、企业研发新产品或服务、培育市场服务、市场并购服务等多种增值服务，孵化质量大为提高。

第三阶段：蓬勃发展阶段（2014— ）。这个阶段的孵化器呈现了三个特点。第一，孵化器向网络化发展，形成城市、区域和全国网络；第二，孵化器逐渐向营利型和国际化发展，留学生孵化器、孵化器海外基地和国际孵化网络逐渐出现；第三，孵化器由事业化向市场化、产业化转型，国有孵化器和民营孵化器协同共进，公益性与营利性互补。形成了培育企业从种子期、初创期培育到成长期的众创空间、孵化器和加速器全链条。作为科技服务业的重要组成部分，创业孵化已经生机勃勃。

三、我国企业孵化器的发展特点

经过 30 多年的发展，我国孵化器已经进入孵化器的转型时期，孵化器正在从综合型孵化器向专业化孵化器转型发展，此时期的孵化器主要呈现了以下四个特征。

第一，单一投资到多元化投资。孵化器从发展初期的由政府单一投资建立逐渐转向由大学、企业、科研机构等主体独立或者合作共建的孵化器。由公益型孵化器向营利型孵化器逐渐转型，多种投资主体并存。

第二，利用资源多样化，民营创办孵化器逐渐占据主体。早期的孵化器单独依赖于科技资源，而现有孵化器正在向科技资源与产业资源优化结合的方式转变。随着政府主办的非营利型孵化器弊端不断显现，具有浓郁市场化气息的民营企业孵化器开始占据孵化器主体。

第三，孵化功能的多样化与高级化。早期的孵化器类似于写字楼，依靠廉价的租金和物业管理费，以非营利性的方式吸引中小科技型创业企业入驻，发展到今天的孵化器则逐渐囊括了管理、融资、技术和信息平台等多样化的高级服务，以满足不同类别种子项目或企业日益增长的创业需求。风险投资服务在孵化器和在孵企业发展进程中的积极作用日渐增大。

第四，形成孵化器网络。孵化器由单纯建立的孵化机构向孵化培育体系过渡，现有孵化器以孵化器为核心、以网络为手段吸引创业资本、中介和研发机构共同参与。如今，孵化器网络化发展趋势备受理论和实践界的关注。

综上所述，在多年的发展中，对我国孵化器发展经验总结如下：

（1）孵化器发展的强大保障是政府的深度指导与高度重视；

（2）高素质人才的聚集和以科研院校作为技术依托成为孵化器发展的智力资源。

（3）孵化器能力强弱的关键在于孵化器与风险投资密切结合；

（4）孵化器建设与运营过程中融入国际资本市场，为孵化器的发展注入无穷活力。

四、我国企业孵化器的发展趋势

关于我国企业孵化器未来的发展走向，主要从《国家中长期科学和技术发展规划（2021—2035）》和《国家科技企业孵化器"十三五"发展规划》这两个纲要中进行推断。

（一）服务于大众创业，孵化器进入多元化发展阶段

随着"众创空间—孵化器—加速器"创业孵化链条的建设，众创空间基将通过市场化机制，开展专业化服务，构建特色服务和商业模式，逐渐形成一批高水平众创空间示范品牌。孵化器将进一步发挥其中坚作用，不断完善技术研发、资本运作、人力资源、市场开拓、国际合作、知识产权、上市并购、股权转让等加速服务。

专业孵化器将进入深化发展阶段。高校、科研院所将围绕优势专业建设专业孵化器，促进产学研结合，加快科技成果转化；新型研发机构和行业龙头企业将围绕产业共性需求和技术难点，建设特色产业孵化器；一批综合技

术孵化器转型为专业孵化器。

各类新型孵化器齐头并进共同发展。支持各类科技企业开展内部创业、衍生创业，鼓励内生孵化；鼓励形成集团连锁孵化；实施开放孵化；引导社会组织领办孵化器，开展跨区域孵化；推进各种类型的创业社区建设，开展集群孵化。鼓励灵活应用众包、众筹、众创、众扶等新模式建设新型孵化器，促进新企业、新业态、新商业模式创业成果不断涌现。

（二）金融服务进一步优化，孵化器的投资孵化融合发展

进一步构建梯度孵化投资服务体系。鼓励孵化器设立创业投资基金，为成长期企业设立创业投资基金、股权投资基金，推动专业孵化器配套产业创业投资基金。鼓励各类孵化器积极与专业投资机构、金融机构等外部资本合作设立各类子基金。支持孵化器采取自投、跟投、领投等方式，投资在孵企业和毕业企业；支持科研院所、大型集团企业、上市公司、境外投资机构投资各类孵化器在孵和毕业企业；吸引知名企业家等为在孵企业提供创业投资服务。

进一步提升孵化器融资服务能力。建立健全由孵化器、创业企业、担保机构、投融资机构、政府机构等组成多元的投资风险分担机制。支持孵化器建设创业金融服务平台，提供投融资方案设计、项目对接、信息共享等一体化服务。建立健全毕业企业数据库，加强企业跟踪服务。支持孵化器与专业投融资服务机构以及商业银行、证券公司、信用评价、资产评估、会计、审计、法律、知识产权保护等相关中介服务机构，联合成立创业金融服务联盟。

（三）融入全球网络，注重孵化器国际化发展

加快孵化器国际化步伐。鼓励我国孵化器开拓国际业务，设立海外孵化器，通过与国外高校、研究院所和国际技术转移机构合作，对接海外创业团队、投资机构，优选高科技项目。吸引外国孵化机构在中国设立分支机构或共建孵化平台，充分吸收和借鉴国外创业孵化的先进理念与模式。引导各类型孵化器注重链接全球创业资源，广泛开展海外资本、高层次人才、技术项目、跨境孵化等国际化交流与合作，鼓励在孵企业参与国际孵化行业的各项活动和创业大赛。积极推动留学人员创业园升级发展，通过海创大赛等活动，搭建人才引进与借船出海的双向平台，推动形成海外人才协同创新创业网络。

推动孵化器行业国际化发展。组织和举办具有国际影响力的创新发展论坛、会展和学术活动。策划举办中国孵化器大会，邀请全球知名孵化器、天使投资机构、孵化器联盟等机构参与，形成具有国际影响力的品牌活动。支持地方政府、企业、投资机构、社会组织搭建国际化的创新创业交流合作平台。支持我国孵化器及联盟协会加强与国际机构的交流与合作，深入开展全球孵化行业的信息交流、科研交流和项目合作。持续推动国际间的孵化器政府专项培训工作。

开展"一带一路"孵化器国际合作。对"一带一路"沿线国家输出孵化器建设和管理经验，指导并帮助其建设一批发展理念新、创业服务优、孵化能力强的新型孵化器，提升当地创新创业水平。鼓励"一带一路"沿线国家创业人才开展国际化创业或来华创业，促进人才在区域间的流动。依托孵化器开展国际化创业服务体系建设，推动国际合作交流、国际技术转移，帮助在孵企业把握新兴市场的创业机遇，拓展国际市场，提高企业全球化开放程度。

（四）强化自律规范，进一步规范孵化行业健康发展

强化孵化器行业组织作用。推动全国性孵化器行业协会建立，继续健全完善区域性行业组织。充分发挥行业组织在业内协调、行业培训、监测研究以及制订孵化行业标准、规范相关主体行为、促进交流协作和资源共享方面的核心作用。加强地区性行业组织之间的沟通合作，促进跨区域的创新创业资源的有效配置，孵化服务资源的交互共享。增强区域内孵化器的共同治理能力，探索制定行业规则，实现行业的自我约束、自我管理。

健全完善孵化器行业标准。充分发挥孵化器行业组织及第三方机构等各方力量，建立完善涵盖孵化器类型标准、服务内容标准、服务流程标准等孵化行业标准体系。分类建立具有各行业特色、区域特色的众创空间标准、加速器标准、专业孵化器标准等多类型的孵化器标准。

持续开展孵化器行业研究。支持各级政府和科技管理部门、行业协会、专业研究机构、专业性媒体等研究力量开展孵化器行业研究。发展行业研究联盟、协会的智库作用，支持孵化器与研究机构形成良性互动，推动理论研究和应用研究，合作开展研究并发布研究成果。鼓励建立公益性研究基金，各地鼓励和

支持围绕关注创业孵化生态、创业活动规律、孵化行业盈利模式等重点领域的调查与研究，形成一系列研究报告库及典型案例库，编写全国性和区域性孵化器年度发展报告，为孵化器行业健康发展提供强力支撑的理论基础。

第三节　孵化器的运行机制

企业孵化器的运作流程包括三个环节：入驻阶段、孵化阶段和退出阶段。

一、入驻阶段

在入驻阶段，企业孵化器的主要任务可概括为准入机制、信息了解、入孵申请、评估筛选、签订协议和企业入驻。

入驻阶段，孵化器首先向申请入驻的企业介绍孵化器的准入机制，对申请企业进行预审。然后向通过预审的企业介绍孵化器的基本情况，对孵化器所能够提供的服务、各项优惠政策、孵化器的场地情况和配套设施情况等向申请企业进行全面的介绍；同时，组织专家对申请企业进行入驻审核；审核通过后落实孵化场地并签订相关协议。

一般来讲，企业进驻孵化器的范围及标准如下。

（1）经营范围符合孵化器产业定位和发展方向，战略性新兴产业的创新创业型企业或项目更具优势。

（2）入孵企业以中小微型企业为主，具有快速增长的市场潜力、优秀的管理团队、要有发展前景、支付租金及服务费用的能力。

（3）已在当地设立公司的，企业成立时间不超过两年，无任何不良信用和违法记录。

（4）孵化企业总部设立在外地，拟在孵化器设立分支机构的，对注册资本、年收入及成立年限无上述要求。

（5）企业孵化器接受尚未注册成立公司，拟在孵化器注册新设立企业的，应有完善的商业计划书，商业模式清晰，优先考虑获得省级以上奖励的大学生创业团队入驻。

（6）企业或项目团队入驻孵化基地人数不超过 20 人。

（7）知识产权界定清晰。

（8）其他孵化基地推荐的创新创业型企业或项目。

企业孵化器对入孵企业或项目的评估内容主要有以下几个方面。

（1）技术方面：是否属于高新技术类；科技成果是否成熟；是否有知识产权纠纷。

（2）资金和财务方面：申请者有无相应的注册资金；有无融资渠道；项目投产后的生产规模和利润计划。必要时，还要评估无形资产价值。

（3）市场方面：评估产品的市场需求、销售渠道及价格情况等。

（4）环保方面：评估项目是否会造成环境污染，是否符合本地区本行业环保的有关规定。

（5）管理和开发方面：包括企业法人在项目开发中所起的作用，所具备的管理能力、品质和诚信等；项目开发团队和管理团队的人员组成、知识结构、合作精神等，一般要求技术开发人员占总人数的比例要达到 20%。

孵化器组织专家小组对创业者提供的以上各项内容进行审核、评估，并进行面谈和实地考察。评估通过后，企业孵化器对该项目建立服务档案，并与创业者签订孵化协议书、房屋租赁协议和安全责任协议等，协助创业者办理工商、税务、企业代码证、银行开户等注册登记的有关手续，建立正式的孵化关系，新创企业开始入驻并正式运营。

科技企业孵化器作为甲方，新创企业作为乙方。孵化协议书的内容主要包括以下几点。

（1）甲方向乙方提供的服务承诺。

（2）乙方享有的权力和义务，其中一条是要按时向甲方报送各类会计报表和统计报表。

（3）具体孵化服务方式。一般可采用：甲方向乙方提供孵化场地进行有偿服务；甲方向乙方参股，或以房产或房租入股，亦可用有偿服务或资金入股。

（4）甲方有偿服务的价格。

（5）甲方入股的条件。

（6）孵化期限。

（7）项目毕业、结业、续孵或中止孵化的条件和处理方法。

二、孵化阶段

当创业项目通过孵化机构评审后，就正式入驻孵化器了。孵化器开始对企业进行动态化培育，分为孵化前培育、孵化中培育和孵化后培育三个阶段。

（一）孵化前培育

即孵化器与孵化企业或项目团队建立孵化关系之前会进行的一系列培育服务，包括接收创业者的孵化申请，按照孵化器对孵化项目的要求对技术、经营、市场、环保、创业团队等基本情况进行评估，签订房屋租赁合同，办理工商、税务、企业代码等注册登记手续，签订孵化协议，建立正式的孵化关系。还包括将创业教育与辅导课程、创业实训课程介入开展前孵化阶段工作，包括引入各类培训认证体系。

（二）孵化中培育

即孵化器对孵化企业从入孵到出孵之间所进行的培育，这也是孵化阶段的重点，包括孵化器为孵化企业通过投融资平台提供各种增值服务；定期收集孵化企业的技术、经营、财务等信息，并组织上报政府有关部门；了解孵化企业的经营计划，组织专家分析和诊断孵化企业存在的问题，有针对性地提供个性化服务；孵化期满，根据孵化企业的技术和经营状况，做出毕业、续孵、结业还是孵化无效等处理，并对孵化结果进行分析，得出孵化成功率。前文中对于孵化器提供的三大类服务已做了相关介绍。

（三）孵化后培育

即对从孵化器毕业的企业进行跟踪管理，继续为毕业企业提供各种增值服务，跟踪毕业企业的发展情况，评估孵化器对孵化企业的效果，进一步总结孵化经验，找出不足与需要改进之处。

三、退出阶段

（一）毕业孵化企业的类别

在孵化器孵化的企业中，由于项目水平、企业运作发展的程度不同，分为以下几类。

（1）成熟型企业：已熟知国际技术发展趋势，紧跟国际技术水平，并具有一定国际市场背景，具有一定的竞争能力和盈利能力。风险投资已经开始撤出，取得回报。

（2）成长型企业：产品应用领域属于地区经济支柱产业，有广阔的持续性发展空间，初步取得经济效益，将进一步发展成为成熟型企业，风险投资尚未撤出。

（3）新创企业：风险投资刚刚投入，有未来发展潜力，市场具有较大的可持续发展空间，在短时间内能够实现跳跃式发展的初创企业，这类企业是孵化基地孵化培育的重点。

（4）失败企业：属于不能维持企业，发展受挫，企业亏损，技术项目没有前途，应迁出孵化基地，为其他企业的进驻腾空场地。

（二）孵化企业的毕业标准

孵化器在孵化企业毕业时一般考虑以下几个因素。

（1）孵化时间：一般以2～5年为宜。

（2）成果商品化：在孵化期内，企业应完成科技成果的转化。企业内的技术人员在完善产品的过程中对市场有了进一步的认识，有能力开发系列产品或其他新产品，使企业得以不断有新产品投入市场。

（3）相当稳定的市场：企业离开孵化基地之前，应在某一行业或地区有了一定的知名度，其产品的销售有了比较固定的渠道，销售网络初步建立。

（4）管理完善：创业管理团队对所从事技术、经营领域相关的法律法规比较熟悉，企业的各项制度，包括财务制度、用工制度等都已建立起来，制定了切实可行的企业发展计划。

（5）资金充裕：经过几年的运转，企业的资金有了积累，可以扩大生产规模，或者有了一定数额的固定资产可用于抵押贷款，或是有了有效的筹资渠道，为规模发展准备了条件。

第四节 孵化器的人力资源管理服务提升策略

一、企业孵化器对人力资源管理方面的需求

在我国，企业孵化器主要是为创新创业型公司提供服务的，很多企业在创业初期，都会选择在孵化器中进行培育。孵化器已经成为培育创新创业公司的摇篮，在其初创阶段，为其提供人才提供、税收服务、法律咨询、市场调研等各方面的服务。基于这些服务需求，对于企业孵化器对人力资源管理体系提出了新的要求。

（一）自身发展的需要

企业孵化器的发展，需要不同专业和层次的人才，尤其是对创业辅导、创业公司咨询方面专业知识精通的专业人才，在当前全国各地孵化器数量不断扩大的情况下，如何才能在激烈的竞争中显出自身的特色，满足创业公司的服务要求，就需要一批高素质的员工和各种类型服务人才。

（二）为创业公司提供优质服务的需要

当前很多企业孵化器在提供服务方面趋于同质化，而且服务的内容和质量水平都不高。对入驻的创业公司起不到实质性的帮助作用，面对这种情况，科技企业孵化器需要在人力资源管理过程中，加大对各行业优秀创业专家的引进开发水平，组建具备实战经验的创业指导咨询团队，给创业公司提供更高含金量的服务。

（三）基础公共服务的需要

孵化器企业在人力资源管理过程中，面临的一项重要的任务是对入驻园区的创业型公司提供完善的基础公共服务，例如公共办公区域的管理、员工的考勤管理、公共餐厅、保安保洁服务等，这些基础的公共服务是需要孵化器企业的员工完成的。提供良好基础的公共服务，为广大入驻的创业公司提供一个良好的公共场所环境，才能不断提升自身的竞争力。

二、企业孵化器人力资源管理方面的问题

（一）组织结构非市场化

目前，我国仍存在着大量非市场化行政组织形式的企业孵化器。这种组织结构形式主要是依托于政府部门的资金支持，一般是各级政府的企业创新支持资金。在这种非市场化的情况下，孵化器缺乏竞争意识，自身人力资源管理创新的动力不足，在激励的竞争中，如果不能提供优质的服务，则很难吸引到大量的企业入驻，这就会导致企业孵化器最终的失败。

（二）人力资源交流平台建设滞后

人才、技术、资金和转化模式是企业孵化器有效运作的关键因素。企业孵化器人力资源管理的一项重要使命就是为各类创新创业公司提供人力资源管理方面的建议与咨询，可能会负责部分人才的招聘和培训工作。同时，孵化器也需要不断寻找优秀的人才以提升自身的服务水平。在这方面，孵化器自身对人才交流的平台建设力度不足，或者是建设的人才交流平台知名度不高，缺乏较高层次的人才参与进来，这就导致高层次人才不足。尤其是在一些创新创业公司，委托孵化器招聘人才、培训人才方面，就显得孵化器的功能和作用，得不到应有的发挥。

（三）孵化器激励体制不够完善

孵化器需要为创业者提供包括人力、财务、法务、市场、公共关系等专业化服务。孵化器在选择合伙人和高管团队上，必须吸收行业优秀人才，组建辅导创业团队。辅导团队大多拥有丰富的人力资源管理经验和丰富的人际网络，一般都是高层次的管理咨询专家，这样才能为创业企业提供有效的辅导。我国企业孵化器体系中虽然存在着高素质的人才，但由于管理模式落后，在对高素质人才的激励方面，没有设置有效的激励机制，不能像大企业那样提供较高的薪资待遇，导致一些专业优秀的人才，在孵化器工作的动力不足，容易导致人才的流失，对孵化器运作产生不良影响。

三、企业孵化器人力资源管理提升策略

当前由于创业环境日益复杂，创业者的需求也更加多元化，企业孵化器要认真分析入驻企业需求的变化，不断丰富和创新人力资源管理的方式和方法，为入驻企业的发展，提供更加优质的人力资源管理服务。

（一）制定科学的人力资源管理战略目标，明确孵化器发展的人才需求

企业战略目标是企业在动态环境下企业发展的总体规划和行动方案，企业的人力资源管理必须与企业战略目标保持一致，支持企业战略目标的实现。同样，孵化器的人力资源管理也要有一个清晰的战略目标作为指引，而孵化器战略目标的制定需要考虑孵化器自身的属性、定位、发展目标等。企业孵化器在制定人力资源管理战略目标时，要孵化器发展的目标方向仔细梳理，并以市场的需求为导向，制定高层次的人力资源战略规划。既要立足当前人才的需要，又要考虑长期的人才储备，针对科技企业人才需求快速变化的特点，要做好人才的长期培养开发工作。

（二）建立良好的人力资本支持平台，提升辅导团队的人力资源服务水平

对于整个企业孵化器而言，优秀的孵化器管理者与辅导团队非常重要。在对入驻企业进行孵化服务时，要健全人力资源服务体系，应当帮助孵化企业提高企业家和管理者这两类人力资本的创业素质，建立两者的人力资本支持平台。具体有培训企业管理者。为在孵企业的管理人员及企业家提供培训服务，增强他们的管理知识，提高他们的管理技能；利用人力资源的咨询服务，组织优秀的辅导专家定期给孵化器内的企业进行高端的咨询服务，提升人力资源管理方面的专业力量；利用猎头服务，在孵化企业找不到合适的管理人才时，企业孵化器可以通过猎头服务或利用掌握的资源为企业寻找到合适的管理人员。

（三）打造孵化器内人才交流平台，创新人才交流学习方法

科技型中小企业发展面临的最大难题就是高端人才的引进与保留。企业孵化器内聚集大量的创新创业型企业，为了吸引并保留住优秀的创业型人才，企业孵化器要积极创新方法，通过建立人才交流平台，引进先进的人才测评系统，大力推广内部推荐的人才选拔方法，扩大人才的获取渠道范围。在人才培养方面，通过开展"测评师培训班""金牌面试官""领导力发展"等精品课程，为创业企业培养专业的人才。在人才交流学习方面，通过定期通过举办"人才管理私董会""人力资源主题沙龙"等各类市场活动，为广大企业 HR 提供专业的知识分享，不断提升其人力资源管理水平。

（四）打造优秀创业者的社群平台，完善孵化器的激励机制

根据研究，对于企业孵化器的员工而言，主要激励因素依次为工资报酬、个人的成长与发展、挑战性工作、前途与保障而稳定的工作等。因此，企业孵化器在激励方面，对员工的激励不以金钱刺激为主，而是发展到成就和成长以及物质激励相结合的综合激励模式，如加强情感激励，打造最有情感的优秀创业者社群；在激励的方式与方法上，应强调为个人激励、团队激励和组织激励的有机结合；在激励时间效应上，将员工的短期激励和长期激励结合起来，强调激励手段对员工的长期正效应。在完善孵化器激励机制的同时，还应建立孵化器的绩效考核体系，对孵化器经理层的考核以过程导向与结果导向相结合，以项目的成功孵化率和被孵企业的综合评价相结合，既考核素质与能力，也考核态度与工作热情。

（五）运用人工智能和大数据技术，提升人力资源管理的效率

人力资源管理的效率体现在两个方面，一是速度，二是效果。当前人工智能技术和互联网大数据技术快速发展，在人力资源管理领域已经逐渐开始运用。针对企业孵化器的人力资源管理问题，在改革和完善过程中，要积极借助大数据和人工智能技术。人力资源管理依靠现代信息技术工具，在处理相关事项时，会变得更加客观、严谨。出现的一些情绪化因素，在新的管理系统工具作用下，会逐渐得到客服。例如优秀员工的选拔、绩效考核的评分、人才的提高培养，这些通过信息智能模块，可以做得更加准确，并且能

够为人资源管理提供更加科学的决策依据。通过这种管理技术和信息的升级，提升人力资源管理的效率。

总之，企业孵化器能够为创业期的中小企业提供优质的服务，也能为企业带来发展的机遇。前文也提到，中小企业在人力资源管理方面存在诸多不足之处，因而企业孵化器要重视在孵企业人力资源管理方面的需求，采取各种手段有效提升孵化器的人力资源管理服务水平，为入驻企业提供切实有效的人力资源管理服务。同时对于入驻企业，除了要借助孵化器的力量支持外，企业自身也要加大对人力资源服务管理的时间和资金投入，要重视企业文化的融合和渗透，确保企业经营的个性化，建立适合企业发展的人力资源服务体系，从而真正实现企业的生存与长远发展。

第六章　中小企业人力资源管理的伦理研究

第一节　人力资源管理伦理的基本理论

一、人力资源管理伦理的内涵

随着经济的进一步发展，中小企业已经成为我国企业发展的一种重要模式，成为我国市场经济发展的重要力量。在经济全球化的大背景下，中小企业面临着更多的发展机遇和挑战。大型企业一般拥有雄厚的资本，更加高端的技术和设备，更强的吸纳高端人才的能力，成熟的管理模式和完善的人才培养机制，因而在市场竞争中更具优势。而中小企业由于经营不稳定性、风险性高等特点，在市场竞争中往往处于被动位置，经常出现人才流失的局面。人才短缺一直都是制约中小企业发展的最关键问题，而造成中小企业人才短缺的主要内因是中小企业内部管理方式的不当。

20 世纪 50 年代末，西方经济学家和管理学家开始实现管理理论和伦理的融合，他们逐渐发现企业在管理进程中会与利益相关者之间发生一些矛盾，单纯地运用管理手段是无法解决这些困境的。员工作为中小企业的内部相关者，员工流动性大、人才流失严重等问题的发生已经充分反映了中小企业与其员工之间关系的不协调，正是这种不协调造成了中小企业人力成本不足，从而使其难以取得更进一步的发展。造成这一结果的原因除了中小企业在人力资源管理机制上存在不足之外，更重要的是中小企业忽视了管理中伦理问题，使得其陷入了诸如重利轻义、员工歧视、片面集体主义等伦理困境，从而与员工之间产生矛盾。因此，要想从根本上解决由人才流失来带来的中小企业的发展困境，不能单纯依靠机械的管理手段，而应当在人力资源管理的基础之上融入伦理方法，从人性需求的角度出发，实现员工个人发展和中小企业发展的双轨合一。

从概念上来说，企业人力资源管理伦理属于人力资源管理和伦理的交集。伦理是指在处理人与人、人与社会相互关系时应遵循的道理和准则，是一系列指导行为的观念。伦理一般包括对人的规范，如人的行为、人与人的关系、人的责任、人的权益、人的思想等。而人力资源管理是围绕着"人本"理念来开展管理的。因此，人力源管理和伦理在内涵上本就是有相通之处的。

人力资源管理伦理是一种特殊的伦理形式，其作用于企业之中成为指导企业实施人力资源管理活动中的道德准则和价值理念。伦理的贯彻和实施需要一定的载体，如各种社会规范、社会舆论、法律等。而人力资源管理其实也是伦理的一种载体，借助于这个载体可以实现企业及员工行为的升华，实现组织目标和员工个人目标的协同发展。我们把经过伦理道德认可的伦理原则实施到企业实践中去，以伦理道德来规范企业的管理行为，使企业能够在一种公平、公正、健康的条件下取得符合法律规范，以及符合人性的成功发展。这是一种将伦理和管理二者相结合的一种积极的人力资源管理方法，这种方法可以促使管理者的管理手段与结果的伦理化。法律规范可以搭建企业管理的框架，但伦理性让这个框架变得更加人文化和充实化。运用好道德原则对企业运行、企业人力资源管理有重要意义。经过长期的探索和不断发展，人力资源管理伦理问题已经成为企业经营发展中十分重要的影响因素，对于企业的持续、稳定、健康发展意义重大。

二、人力资源管理伦理的具体意蕴

（一）柔性化管理以伦理价值观为内在驱动力

刚性管理是一种较为严格的、僵化的管理方式，即按照一定的规章制度，在组织职权的控制之下所形成的程序化管理。刚性管理的特征有严密的组织管理、严格的规章制度、以生产为中心，追求规模效益。

而柔性管理则相反，是一种"以人为中心"的管理方式，是一种非强制性的、人性化的管理方式。柔性管理的实施不再单纯地依靠管理权力的压制力和影响力，而是通过每个员工自觉自发的主动性、内在潜力和创造精神自然而然的形成一种凝聚力，这种凝聚力无形之中起到约束和引导员工行为的作用；柔性管理下，员工可以参与管理决策并且自由发表自己的言论，在一定程度上体现了对于员工自由意志的尊重和遵循，这也是民主管理的一种体现。

人力资源管理就是一种以柔性管理为指导、刚性管理为依托的管理方式。美国著名管理学家托马斯·彼得斯和罗伯特·沃特曼在大量研究了西方成功的企业管理案例后提出："应坚定集中指导与最大限度的个人自主并存，也就是人们所说的'二者兼得'，以紧中有松，松中有紧的原则为基础。"这可以理解为成功的人力资源管理模式是在一定的规章制度之下实行严格的管理控制，但同时在最大程度之上保留员工的自主权和创新能力，而这一切可以实施的前提是拥有来自某些"信念"或者价值观念的支持。因此可以说人力资源管理就是一种充分体现了"柔性"内涵的管理方法，维持这种管理方法最根本的价值观念是"人本"二字。在实施柔性的人力资源管理过程中需要充分尊重每个员工的个人权利，并且了解员工不同的个人需求，充分发挥员工的个人价值实现员工长远、可持续的发展，并且给予员工教育、激励等，而这每一个环节的实施都需要以相同的伦理价值观为依托。以某些伦理观作为内在驱动力是柔性管理最根本的特点，它的存在就是伦理价值观念的客观体现，也是人力资源管理伦理的价值所在。

（二）人力资源管理制度以伦理原则为基本标准

人力资源管理和伦理都是围绕解决人与人之间的关系而开展的学科，人力资源管理伦理是二者的交集。现代汉语中，"伦"一字有"人伦"之意，表现出人与人之间的长幼、辈分、等级、次序等关系；"理"一字指原则、道理等，意在调理"人伦"关系。通俗来讲，"伦理"一词可以理解为对人与人、人与事之间关系的调节，也指人与人相处和交往应当遵循的原则和道理。

在企业中，人力资源管理制度也是一种对人与人，人与事之间关系的调节，规定了"应然"的具体内容和范围，同时带着一定的强制性。人力资源管理制度作为一种人性化的管理制度，只有当其以伦理原则为根基来制定相关的制度，这种制度才能在最大程度之上得到企业员工的价值认同。如果人力资源管理制度的制定摆脱了伦理原则的指导，就会导致这一制度成为一个脱离了主流价值观念的孤立制度，它在员工中的认可度就会降低，实施起来也会更加困难。

人力资源管理制度的价值更多地在各种实施的过程中得到表现，例如在招聘、绩效考核、激励、晋升等过程中，人力资源管理的规则或者方法并非是不可调节的，通过事前、事中或者事后的反馈可以对其进行及时地调整。为什么说人力资源管理的实施过程同样需要以伦理原则为基础，这主要是因为这个实施过程中包含了非常多的主观因素。举例来说，一个企业正在进行相关的绩效考核，绩效考核的过程包含了许多指标，例如考勤、工作任务完成情况等，其中一些指标是客观指标，还有一些指标是主观指标，例如专家打分，上一级领导的评定等，同样的情况也出现在招聘、员工晋升、培训、精神激励等方面。假如主观的指标出现了偏差，例如缺乏公平的考量、缺乏对于员工需求的深入了解等，那就会对最终结果造成直接的影响，从而在一定程度上对人力资源管理体系的有效性、合理性带来了折损。在人力资源管理的具体实施过程中，伦理原则起到了对主观行为的指导和约束作用，因参与者的主观行为偏差所带来的不良不实后果会给人力资源管理制度带来消极影响，这一消极影响不仅会给人力资源管理活动的开展带来阻力，同时也会引发员工对企业认同度和忠诚度的质疑。

（三）实现企业与员工的共同发展是人力资源管理的最终归宿

人力资源管理的出现是企业管理目标发生迁移的证明，它证明着企业不再单纯地将利润最为企业发展的唯一标准，而将员工的发展纳入企业发展的一个重要部分。人力资源管理所追求的是企业和员工共同发展，这种共同发展涉及的是与企业发展相关的所有人的福利。从情感层面分析，实现员工和企业的共同发展是对员工追求个人幸福的保障，只有当员工在企业中获得幸福感和快乐感，员工才能对工作更加投入，在这种情况之下企业获得进一步的发展是一种必然趋势。反之，如果员工无法在工作中获得快乐和幸福，那么必然会引发不满等消极情绪的产生，这就会造成企业人力资源管理的失序甚至失效。人力资源管理作为一种管理手段，与其他管理手段一样是为了企业更好地实现经营发展而存在的，当管理目标发生转移之后企业不再单纯追求利益最大化，而是着眼于更加长远的发展，这无形中就将更多的利益相关者的权益纳入到企业责任的范围之内，扩大了人力资源管理的范畴和意义。对于企业来说，保障员工发展是企业实现从自爱到仁爱的过度和倾斜，是企业承担其责任的第一步。不能武断地说没有员工发展就一定没有企业的发展，这种观点是绝对且片面的；但是单方面的企业发展绝对不是一种健康、良性的企业发展模式，也不是符合当今社会发展需求的发展模式。人力资源管理所追求的员工和企业的共同发展是一种内部的协同发展，这是实现企业责任由内部到外部责任扩张的第一步，也是实现向"企业公民"转变的前提。

（四）人力资源管理伦理是一种特殊管理伦理

人力资源管理伦理是在管理伦理的基础之上形成的更为具体化、专门化的理论。人力资源管理伦理的内涵与其价值核心都是在管理伦理的基础之上发展、转化而来的。

关于管理伦理，不同专家和学者对其有不同的解释。成中英认为，管理伦理是指任何商业团体或者生产机构以合法手段从事营利时所应遵循的伦理规则。龚天平认为，管理伦理是管理活动中形成的各种伦理关系及协调处理这些关系的伦理道德原则和规范的总和。诸如此类的解释有很多，但大部分专家和学者都将管理伦理看作为一种原则和规范，是调节企业经营、管理活动中的一把道德的标尺。

管理伦理作用的范围限定在企业乃至中小企业之内。在企业之中，管理伦理原则和规范的表现形式十分多样化，如人本原则、集体原则、激励原则、责任原则等。在中小企业内部，管理伦理要解决的是更加具体且具有针对性的问题，如经济利益和员工福利、企业的发展和员工个人的发展、对物质资料的投入和对员工的投入等。同时管理伦理的实施需要借助于一定的管理手段：其一是通过制度和规范的约束，这是一种较为强硬的手段，也是保证管理伦理观念得以贯彻的关键；其二是通过教育、培养、道德激励等实现管理伦理在人心中的内化，使管理伦理的对象可以具备高尚的道德品质，这也是管理伦理的最终归宿和最高追求。对人力资源管理伦理来说，其内涵本质上是与管理伦理的内涵一致的，只不过其适用的范围更为局限和具体。

综上所述，无论是人力资源管理伦理还是管理伦理，其所内含理论核心包含了人本问题、义利问题、发展问题、公平问题等。对于管理伦理来说，其内涵最核心的问题是对人本理念的诠释，涉及具体的人力资源管理伦理的具体实施上，如何处理人本问题是这一理论得以有效实践的关键所在。因此，怎样做到以人为本，如何在以人文本的基础之上制定相关的人力资源管理策略是管理伦理和人力资源管理伦理最主要的核心问题。义利问题同样是管理伦理和人力资源管理伦理所需要探讨的理论核心问题，具体到人力资源管理伦理的实践中来看，如何看待企业对于人力资本的资金投入、如何处理员工个人的发展与企业发展之间的关系、如何实施对于员工的培训和教育、企业如何承担相应的社会责任等。如何平衡义利之间的关系，从而使企业凝聚并发挥最大的内在推动力，才是人力资源管理伦理的价值所在。因此，如何在具体的现实状况之下权衡义与利天平同样是人力资源管理伦理的需要探讨和解决的核心的问题之一。除此之外，公平和发展也是管理伦理和人力资源管理伦理需要解决的核心问题。

三、人力资源管理伦理的基本原则

（一）平等原则

员工应当在工作中获得公平的机会，员工的福利和薪酬应当根据对公司贡献的大小加以公平分配。平等原则又可以分为机会平等、收入平等、社会平等四类。机会平等是指员工获得同样的就业机会。收入平等即同工同酬，是指给同样职位的员工以一样的报酬，是结果平等的另一种表述。追求平等是人类的理想，任何类型的工作都应该给予人们一个理想的社会地位，在当今社会环境下，就业已成为一个越来越重要的工具，促使员工通过这个途径进入不同的社会领域。让员工通过就业达到某种社会地位，探寻员工对职业所带来的社会地位的期盼具有重要的意义，因为一个平等的对所有工作种类没有任何偏见的社会可以使人们在劳动力市场上获得一份理想的职业。

（二）公正原则

公正原则就是要求管理人员坚持"等价交换"的基本原则，按照规章制度进行办事。公正原则最终要解决的是如何分配权利与义务的问题，企业管理者们把公正视为考核管理合理与否的一个标准，是他们追求的最终目标。同时公正也是保障企业凝聚力和公信力，形成企业规范秩序的重要措施。

在企业管理中，管理层要公正平等的对待企业内部每一阶层的员工。在公司内部的人员晋升、安排以及奖惩的原则也是透明的，为每一个员工提供公平的发展机会。同时，在利益和待遇方面的分配，要做到员工公平竞争按劳分配，并且最终按照贡献收取分配报酬。

（三）人道原则

企业人力资源管理将以人为本作为最根本的管理原则，通过实施相应的管理手段和措施，以激发员工能动性和责任感为出发点，达到促进企业健康持续发展的目的。

企业进行人力资源管理的最终目的是实现企业的和谐发展。员工在和谐的氛围内才能更好的实现自己的价值。在和谐的工作环境下，企业各个层次的员工，要想得到升职加薪，必须要按企业规则努力工作，发挥出自己的创造力。人力资源和谐发展原则可以实现员工和企业双赢的和谐局面。尊重员工同样也是体现管理伦理化的和谐发展方向，其主要表现为相关管理制度制定的初衷以及管理的出发点都是以员工的利益和需求为主，通过管理不断提升员工的个人能力、水平以及责任和意识，不断增加员工对企业的忠诚度，进而在相互尊重的和谐氛围下，最大程度发挥员工的积极作用。

企业在人力资源管理过程中按照人道原则管理，要充分体现以人为本的管理精神。首先必须要明确以人为本是一种企业伦理道德；其次，企业的管理者必须充分认识到以人为本在企业管理中的实际意义和实践方法，通过实际的管理和相关部门政策法规的确立帮助企业完善以人为本的人力资源管理；最后在具体实践中，企业必须找到企业发展与员工自身发展的契合点，根据企业发展特点为员工制定合乎人性的职业生涯规划，避免员工出现迷茫的情绪。目标明确、回报清晰，引导员工通过不断学习和努力，实现奋斗目标，与此同时也能够帮助企业不断地前行和发展。

第二节　德国、日本中小企业人力资源管理的经验

一、德国中小企业选、育、留"三位一体"的人力资源管理模式

（一）德国中小企业的发展状况

德国中小企业素来以其作为德国经济、就业市场以及创新的重要力量而

闻名世界，被称为"隐形冠军"。

二战后，德国开创了独特的社会市场经济模式来实现国家经济的复苏和发展，即"莱茵模式"。这种模式有其独特的价值理念，即以个人自由为基础、社会责任为纽带实现自由与责任的有机融合。因此，早期以家庭为单位开创的中小企业在德国应势而生并蓬勃发展，为德国的经济发展缔造了全新的繁荣时期。德国对中小企业的定义为：雇佣员工不到250人，年营业额少于四千万欧元的工业、商业、手工业、服务性行业中的企业及自由职业者。1992年德国境内的中小企业约有260万家，至2001年这一数量增加到330万家，目前德国的中小企业大约有370万家，这些企业的产值占据了德国国民生产总值的54%，成为德国制造业的中坚力量。

（二）德国中小企业的人力资源管理模式

德国中小企业在资金有限的情况下更加侧重于产品研发与产品质量，并将持续不断的技术革新作为中小企业保持生命的关键。因此，德国中小企业非常看重对内部员工的培养。

技术类人员以及专家在德国中小企业内极为受重视。

德国特别注重实际操作和基础工作，德国完善的职业教育为中小企业的发展输出了大批人才，这种人才教育体系就是著名的"双元制"。"双元制"的职业教育可以简易理解为实践与学习并行的教育模式，选择"双元制"职业教育的学生一半时间在职业学校学习相关的专业和理论知识，另一半时间在与其所在学校有合作的企业之中参与实习工作。比如在大学一年级的时候，学生就被安排在工厂里画图纸和零件。再将其放到汽车上进行试验，并对其性能进行评分。在体验了汽车生产后，学生们就可以返回大学学习理论力学、结构力学等课程，这样才能达到"学以致用"的目标。在德国，有近60%的青少年选择接受"双元制"的职业教育，这种职业教育为德国中小企业乃至德国经济的发展起到了非常大的作用。

1. 在选人方面

德国中小企业注重实习生的培养和内部招聘。德国拥有完善、优质的职业教育体系，经过职业教育培养的应聘者都具有一定的资质和潜能，大部分中小企业经过简历挑选和基本的面试即可甄别出适合企业的候选人，因而简化了招聘环节，节省了招聘费用。应聘者一旦被中小企业雇佣，就会进入实习期，德国的中小企业非常注重对实习生的基础培训，通过培训的过程不仅提升了实习生的整体素质，也使公司能够更加了解实习生的特性和潜能。

相对于外部招聘，德国的中小企业更加看重对企业内部员工的选拔，当企业内部出现职位空缺时更倾向于将这一职位留给内部员工。如果内部员工的状况暂时无法达到空缺岗位的要求，企业会选择为员工提供相关的培训使其快速适应岗位要求。

从德国中小企业选人环节可以发现，德国中小企业更加重视长期雇佣关系，注重员工自身的发展。

2. 在育人方面

德国中小企业十分重视职业培训，职业培训贯穿了所有从业者的整个职业生涯。德国的职业培训大致分为初始职业培训、职业进修和专业培训。初始职业培训是指为受训人员提供某一职业所需的最基础的专业知识和专业技能，也是最基本的职业教育；接受职业进修的受训者一般是有职业晋升需求的或者需要适应新技术革新等的人，他们所接受的培训内容更加专业和深入，诸如高等教育、在职教育以及其他方面的持续教育都可以归为职业进修的范畴；转业培训一般针对于职业转变的受训者，目的是通过给受训者提供新职业的专业知识和技能使其更快地适应岗位需求。

具体的职业培训方法是多种多样的，德国企业包括大型企业和中小企业用于职业培训的投资都是占据很高比例的，而并非只是关注技术研发上的投资。

3. 在留人方面

德国中小企业遵循高标准高薪资的员工管理模式。德国制造业工人的薪资待遇经常与大学教授一类的高级知识分子持平甚至超越。绝大多数乡镇企业的员工在遵守相关条约并且技能对口的情况下履行世代雇佣制。

同时，德国中小企业员工的薪酬构成是非常多样化的，除了基本的工资之外还包括其他的构成，如加班费、休假工资、休假补贴、年中和年末福利、特别贡献奖励（如建议奖励、创新奖励等）。丰富的薪酬构成本身就为长期雇佣关系的形成奠定基础，比较具有德国特色的福利措施是大部分的德国中小企业都会为员工建立企业养老基金，使从该企业退休的员工在享受社会保险机构提供的退休金的同时还能够享受到企业养老基金的资助，这就降低了员工流失的概率和风险，实现了中小企业的留人意愿。

二、日本中小企业"家族主义"下的共同发展

（一）日本中小企业的发展状况

由于二战带来的物资匮乏等因素，日本经济在二战后进入"特需景气"阶段，日本政府开始大力推进中小企业的发展。因而，20 世纪 50 年代中期至 20 世纪 70 年代，日本进入经济发展的黄金时期，大量中小企业快速发展起来。在日本经济处于高度发展时期，一部分中小企业快速发展成长为大型企业，诸如索尼、本田等，而相当大比重的中小企业都形成了与大型企业之间的系列化关系。系列化体制可以抽象理解成一种金字塔形的多重企业构成，大型企业处于塔尖而中小企业作为塔基，也就是说相当大一部分的中小企业与大型企业之间形成了互补关系，承担了大型企业的一部分转包业务。

到 20 世纪 90 年代，随着日本的产业结构调整以及经济危机的出现，中小企业的传统经营方式受到冲击，如今日本的中小企业也一直处于调整和重组时期，一种新的以集团化为主的发展态势正在逐步兴起。

（二）日本中小企业的"家族主义"管理模式

日本中小企业数量占企业总数的比重超过 99%，并提供 80% 左右的就业岗位。日本中小企业在经营管理中奉行"家族主义"，十分强调"家"理论的重要性。许多中小企业都是以家族制模式开展经营的，实现了"家族主义"这一理念在经营中的完善，以至于一些大型企业虽采取了股份制的经营方法，但是在人力资源管理上仍延续着"家"理论的内涵，形成了家族企业＋现代化的制度管理＋企业文化三者合一、具有日本特色的经营模式。

关于家族主义的内涵，日本哲学家三户公对其进行了定义和阐述，具体内容如下：家等于共同体、经营体；家是期望永续性的共同体，以维持繁荣为最基本的目标；家族成员由本家族和被承认为家族的非家族构成；家族成员应秉持灭私奉公的理念；家有家业，家业由家族长和家产统督来管理；家族长与其他经组成员承袭"亲子"关系，其他家族成员绝对服从家族长的

命令，家族长有庇护整个家族的责任；家以"阶统制"和能力主义为组织原则；家对家族成员有教养和训育的责任；家以家宪和家训为根基构成家风；本家与其派生出的分家、别家构成"亲子"关系，本家与分家、别家的派生的"亲子"家族形成寄家、寄子关系，由本家、分家、别家、寄家的"亲子"家族等构成的集团称为同族团。

在"家族主义"的影响之下，日本形成极具特色的管理方法，对日本中小企业的人力资源管理起到了十分积极的推动作用。

（1）较为稳定的工作保障。虽然终身雇佣制度在一定的历史时期发挥了重要作用，但目前许多中小企业仍期望与处于紧密层的核心员工建立一种长期、稳定的雇佣关系，实现长久的共同发展。日本企业很少主动开除员工，也很少实行末位淘汰等制度。因此，只要企业不倒闭，员工不违法违规，工作的稳定性就很好。而且，得益于政府的监管，现在的日本企业都会充分考虑员工的工作心情，会努力营造一个相对和谐稳定的工作氛围。

（2）年功序列工资制度。年功序列工资是指员工的工资随着员工的年龄和企业工龄的增加和增长。年功序列工资制可防止过度竞争，保证秩序。不同年龄层职工之间的关系比较融洽，同年龄层之间的工资差别很小，有利于维护团队精神。在起点工资确定之后，工资便随着年龄逐渐上升，以保障生活费用为原则，从而使职工有一种稳定感，工作的心理压力不大，能力能正常发挥。

（3）低工资高福利。日本企业的工资要比其他外资企业低一些。但一般日本企业都有退职金，没有的话也会有企业型确定支出年金，因此虽然单纯从年收上来看日企收入低于外企，但是算上退职金，年金以及其他福利待遇，日企的综合收入不比外企低。

（4）"家族主义"企业文化。日本的企业文化一般由家宪、家训、家规以及部分的经营理念构成。著名的松下公司在其作为中小企业发展时期就确立了"七精神"企业文化，即产业报国、正大光明、和睦一致、奋斗向上、礼貌谦让、顺应同化以及感谢报恩，这其中蕴含着诸如公正、和谐、进取、大同、以德服人、为他等伦理理念。日本的企业文化多借鉴中国的儒家文化中的忠诚、和谐、诚信、仁义等思想。

在"家族主义"理念之下的日本企业本质上是对集体主义的推崇，提倡的是"义利统一"和"共生共荣"此外，日本中小企业十分重视对员工的培训和教育，在阐述"家"理论中有一条内容就是"家对家族成员有教养和训育的责任"，这就保证了日本的中小企业能够一直保持其人力资本的高质量性。

三、德、日中小企业人力资源管理经验的启示

由前文，德国中小企业和日本中小企业的人力资源管理方面各具特色。在双轨制职业教育的辅助之下，德国中小企业人力资源管理体现出对员工职业道德的要求和对长期雇佣的追求，日本中小企业的经营管理受到了"家族主义"的影响，"家"的理念深植入人力资源管理的方方面面。

（一）重视人才培养，注重员工的职业发展

德国双轨制的职业教育是对员工的一种前期培养，职业学校的学生在校学习期间已经完成了在企业之中部分的职业培训。在德国职业教育是一种终身教育，德国的中小企业为了提升市场竞争力，十分看重技能型员工，除了通过招聘的渠道获得高水准的技能员工外，也适时对企业内部的员工进行同步的培训。无论是在大型企业还是在中小企业中员工都能获得长期的、持续的专业知识和技能的学习。

而在日本，对员工的教育和培训早已内化成为企业的一种责任。在"家族主义"的影响下员工不仅是企业的雇员，更是企业这一家族之中的成员，是这个企业的一部分，那么企业自然就有对员工教养和训育的责任，这也是企业的一种先天义务。

（二）保持职业忠诚，维系长期雇佣的关系

德国选人、育人、留人"三位一体"的人力资源管理方式在本质上就是为了实现中小企业同员工之间长期雇佣的关系，其在招聘环节之中更加倾向于内部招聘以及终身培训制度等都可以体现出对长期性的追求。

日本更加追求雇佣关系的长期性。虽然终身雇佣制在如今的市场环境中很少实现，但是日本企业在一定程度上还是更加看重为企业服务时间长的员工。日本中小企业在面临市场竞争危机时，在企业工作时间短的人被解雇的概率更高，有时甚至会出现工作时间短的员工在公司裁员面临危机之时主动

辞职的情况。

（三）重视文化建设，追求长期的共同发展

德国的中小企业大部分都是家族企业，往往只专注于一个领域，专业化程度极高，力求产品质量做到极致。他们不仅会把产品做到极致，而且会从客户的体验考虑，制造经济耐用、客户喜欢的一流产品。这种企业文化代代相传，内生为所有员工信奉的共同价值观体系，并在行为之中有所表现。德国企业每年都会在产品研发和人员培养上注入大量的投入，他们更加看重的是产品的质量和企业的长期发展，这一点在日本的中小企业中也有明显著体现。

德国中小企业和日本中小企业对员工的培养都是长期的、自发的，都非常追求雇佣关系的长期性。因此，德国和日本中小企业与员工二者的发展关系，是一种联系紧密的、共同发展的关系。

第三节　中小企业人力资源管理伦理构建路径

一、提升中小企业社会责任感，推进当代工匠精神

企业是权利和义务的统一体，企业的社会责任表现在为国家的发展作出贡献。中小企业在社会中作为"企业公民"，对社会的发展和进步也承担着社会责任，"企业公民意味着积极的贡献，意味着责任、意味着为社区带来改变，为社会和国家带来改变。"各种社会公益行为、社会回馈行为、社会救助行为等都是中小企业可以实践并且坚持的。同时要注意，中小企业的社会责任范畴不仅仅是形式化、表象化的慈善行为，而是对社会发展长远的、良性的影响。中国梦的最大特点就是把国家、民族和个人作为一个命运共同体，把国家利益、民族利益以及全体人民的个人利益紧紧联系起来。中小企业作为命运共同体的一个重要组成部分，其社会责任更应当体现为以共同利益为先的大局观以及可持续的发展观，即不能为了谋求自身的短暂发展而损害国家和民族的利益；在发展之中形成对环境的责任意识，形成一种不过度破坏或者不破坏环境的生态观。

《中国制造 2025》计划提出"创新驱动，质量为先、绿色发展、结构优化、人才为本"的基本方针。我国要实现制造强国的梦想，不仅需要大批专业的技术性人才，更需要对工匠精神所蕴含的尊师重业、精益求精以及善美合一的继承。当中小企业的发展策略从过度逐利转移到共同发展与员工培养，当每个中小企业都追求输出产品的高质量与高品质，当所有中小企业都在试图实现经营和雇佣的长期性，那么无论是企业领导者还是员工都能在这种转变和调整之中实现对个人品质的重塑和优化，并最终做到实现同匠人精神的内在接轨。

二、建立正确的人力资源管理伦理观

首先，中小企业应当树立以人为本的管理理念，注重员工利益。中小企业生存与发展的关键是优秀的员工和团队。虽然中小企业受规模、资金等方面的制约，存在着发展前景不明确、内部管理机制不够成熟、缺少福利等问题，但是中小企业还是要树立以人为本的人力资源管理伦理观，要重视员工的切身利益，正确意识到员工是构成企业核心竞争力的关键因素，构建并维持良好的员工关系，强调企业与员工的共同和谐发展。员工的利益包括了员工的身体和心理的健康、合理需求、员工的职业发展等。当中小企业管理者能够将保障员工利益融入成为人力资源管理理念的一部分，那么员工就会在无形之中形成对中小企业的忠诚度，主动并且自愿地为中小企业利益作出努力。但是当前中小企业经常忽视员工的发展，中小企业存在员工流失率高、工作情绪低、员工不关心企业、职业倦怠等问题。中小企业人力资源管理伦理观的核心是人本观念，从现实的角度来看，中小企业的发展需要人力资本的推动，而人力资本的积累依赖于中小企业管理者对员工的培养、教育。

其次，提升管理者的职业道德素质，构建管理层的行为规范和责任观。中小企业的运转不仅仅依赖于员工的贡献，更依赖于更高层级管理者的有效管理，这就需要处于管理岗位的管理层在具备相关专业技能和管理技能的同时，还需要具有完善的伦理人格。常见的管理层行为规范的构建可以通过对企业文化的渗透、针对高层管理者的培训、制度规范等模式实现。更重要的是通过这种方式实现责权在管理层中的平衡和统一，使管理者或者高层管理者在拥有管理权力的同时也承担相应的责任，树立责任意识，而在责任意识引导之下的管理层相较而言是更值得员工信任并且依赖的。

三、构建科学合理的中小企业招聘机制

中小企业在招聘过程中缺乏科学性和针对性，往往存在着招聘歧视行为。事实上中小企业在缺少专业招聘人员以及相关招聘制度的条件下，很难实现对于求职者的人格特征、个人素质、求职动机、知识体系等信息的全面掌握，这种信息的不对称性很容易影响到中小企业最终的招聘效果。中小企业消除招聘歧视需要一套行之有效的招聘制度的支持。

首先，中小企业要培养较高职业素质的招聘人员。招聘人员是中小企业对外形象的代表，招聘人员应当具备良好的表达沟通能力、严谨的逻辑思维能力、科学的工作分析能力以及正确的职业道德观；应具备管理学、心理学、法律等相关知识储备，面试技巧、营销能力等技能储备。对于中小企业来说，相关专业招聘人员可以通过外部招聘或者内部培养等方式获得，作为人才获得的关键环节只有通过招聘获得与企业发展相适应的人员，中小企业才能在其推动下获得更好地发展。

其次，中小企业要注重内部招聘。相较外部招聘，内部招聘是一种更为经济的招聘模式。中小企业内部的员工对企业更为熟悉，能很快适应新岗位，这也在一定程度上为中小企业节约了招聘费用和新员工的培训成本，也降低了新员工因不适应工作环境而离职的风险。同时，内部招聘通常表现为晋升，这对内部员工是一项较大的激励，提升了中小企业员工在工作中的活力和竞争力。因而，对于中小企业来说，通过内部招聘的形式搭建了企业同员工发展之间的桥梁，实现了中小企业将发展从自身到员工培养之间的转移。

四、提供可持续的、公平的职业发展空间

中小企业的经营发展依靠员工的支持，中小企业想要在市场竞争中更具竞争力则需要高质量人才资源的支持，能持续不断地吸引并提升员工的工作水平，提供公平的职业发展机会，离不开中小企业对员工的培养和教育。中小企业应当注重员工的职业发展诉求，从多方面健全中小企业培训机制。

首先，中小企业要切实了解员工的培训需求。中小企业由于规模较小，

可以采取座谈的方法通过头脑风暴来等方式确定员工的培训要求。员工在谈话过程中可以充分表达自己的需求和观点，最终由人力资源专员将各方意见进行汇总之后选择员工认同度最高的需求内容来制定后续的培训计划。通过培训需求分析方式来制定相关的培训计划，体现了以人为本的理念，摆脱了培训的盲目性和不合理性，节约了培训成本。

其次，中小企业要注意保持培训的连续性和长期性，与员工的职业发展相适应。持续性的培训可以保证中小企业员工能够在工作中获得持续性的学习和提升，这不仅仅使员工更具竞争力，也为员工的自我发展和实现奠定了基础，形成员工在未来职业发展规划中的一个出口。值得一提的是通过持续、长期的培训方式能够在无形之中将员工的发展目标与中小企业的发展目标二者之间进行连接，这也强化了二者之间的关系和信任感，最终有利于共同发展的实现。

五、优化员工激励机制

激励机制最能体现中小企业的人本理念。在重视员工激励的前提下中小企业才能巩固员工同企业之间的凝聚力，实现二者可持续的良性的共同发展。

中小企业由于财力的限制，无法提供优厚的薪酬、福利、奖金、补贴等。但是中小企业可以针对中小企业内部不同层级、不同岗位职能的员工采取有差别的物质激励方式，将员工的激励机制与绩效考核机制相挂钩，通过绩效考核结果制定出相应的物质激励方法和激励金额。同时，中小企业可以对企业中的核心员工采取针对性的激励，根据核心员工的不同需求制定适用性更高的激励方法，可以使中小企业在保持人才优势的同时维系核心员工对企业的归属感。

精神激励的内容包括员工培训、晋升、弹性工作制、工作自主性、尊重员工、道德激励等都。精神激励是伦理关怀的直接体现。中小企业由于规模较小，对费用的投入较为敏感，因此在实施激励的过程中更应该重视精神激励的关怀理念，关心员工、尊重员工，给予员工充分的工作自主权。以提升员工的凝聚力，加强员工的归属感。此外，中小企业也要重视道德激励，对员工合乎道德要求的品质或行为进行物质或精神激励。中小企业开展道德激励实质是唤起企业内部的员工和管理层对德性和高尚人格的追求之心，同时在一定程度上减少工作之中的不道德行为，从而使中小企业内部的整体工作环境更为良性和谐。

六、建立高质量的核心人才管理模式

其一，完善核心员工职业规划的相关指导。核心员工具有强烈的自我实现愿望，更关注企业的发展目标与发展前景。中小企业通过职业规划的方式来加强对核心员工的发展承诺，吸引核心员工与企业共同发展，实现个人目标与企业目标的统一。要注意，中小企业为核心员工提供的职业生涯指导应当是长期的、可调整的，并在核心员工的职业生涯中适时其提供相应的指导和帮助；当中小企业调整经营方向时，通过及时有效的沟通对核心员工的发展规划作出相应的调整。

其二，对核心员工适度授权，使其参与企业管理等方面的工作。适当的授权可以增加中小企业管理层同核心员工之间的沟通频率和效率，通过沟通的方式可以全面考察核心员工的管理能力诸如营销能力、策划能力、决策眼光、企业战略制定等，适时对核心员工的职能范围作出相应调整。这一方面提升了中小企业的人力资本和整体实力，另一方面也在无形之中增强了核心员工对中小企业的组织承诺度。

其三，建立核心人才储备库。核心员工的易流动性对中小企业来说是一种风险。因此中小企业需要将一部分整体素质较高的员工作为人才储备，以降低核心员工流失的影响。中小企业通过意识和规则的共同作用来引导和影响核心员工对储备员工的教育。通过企业文化建设、激励、培训等建立起核心员工对企业的组织承诺，从而使核心员工自愿地在工作之中对储备员工进行"传、帮、带"；利用绩效考核体系的导向作用，将培养储备员工作为对核心员工的考核指标，从而使核心员工在规则的约束之下做出适当的行为。

结语：疫情常态化下中小企业的人力资源管理

人力资源管理在不同的社会经济状态与环境中，应做出调整与改变。随着新冠肺炎疫情常态化发展的特点，中小企业面临着极为严峻的人力资源管理问题。中小企业应及时敏锐地根据市场环境的变化，明确自身在人力资源管理方面的优势与劣势，积极应对挑战、明确调整相关的人力资源管理制度体系，提前安排并做好疫情防控常态化的人力资源管理工作。

一、做好线上办公准备，加强制度管理

随着疫情的常态化发展，各类线上办公软件已经趋于成熟，线上办公成为各类企业人力资源管理部门的一种常态化备用方案。线上办公具有以下优势：让员工弹性工作、具有较强的工作自主性，它要求员工在有效时间内合理安排自己的办公时间，更能够体现员工的个人价值；能够适应疫情多点散发时的防控要求。

但要注意，线上办公存在监控不力，个别员工可能存在懒散、怠慢等行为，在居家工作期间，中小企业人力资源部门要设定清晰、明确的目标和工作量，以此来警示员工。针对工作效率低下的情况，中小企业可以制定严格的办公制度和考勤制度来保证工作的高效和守时。针对工作流程衔接不善，人力资源部门可以借助互联网技术、新式办公软件来辅助，可以多人同时制作任务、协同合作，减少了工作传递中的时间成本，也使得工作成果清晰明了的呈现。根据疫情现状，中小企业安排线上、线下办公两条主线同时进行。新式线上工作压力会更大但这种压力会为员工的个人价值提升提供强劲的动力，能让员工在短时间内迅速成长，快速地适应新时代对员工提出的新要求。

二、合理运用线上招聘，构建人才战略储备

疫情防控形势下，中小企业的生产经营受到了较为严重的影响，中小企业需要适时精简人员与构建战略储备。与传统状态下的人员招聘相比，疫情仍有偶发性爆发风险，盲目扩张带来的人员冗杂将给中小企业的运营带来更大的负担，精简人员与构建战略储备人才库同时执行，能够让中小企业在更快速地优化人力资源成本的同时，具备更快速的发展扩张的储备资源。因此，中小企业在招聘方面，需要尽可能降低成本投入，提高招聘效率，确保

企业招聘与人才需求相适应，更加适应疫情防控形势下复工复产的要求。

中小企业要与地方招聘平台建立良好的合作关系，并合理利用信息技术建设企业网站。由于中小企业的内部人力资源需求发生了变化，企业必须对招聘信息进行及时更新，从而保证应聘者可以实时了解企业实际的招聘需求，同时中小企业要对线上招聘信息进行优化，包括薪酬待遇、发展前景及职工晋升渠道，从而提高应聘者对企业的信任度。在招聘信息发布后，通过信息技术手段筛选应聘资料，选出符合实际需求的应聘者，最大限度地发挥网络信息资源优势，促进互联网信息技术的创新与转型。

三、利用线上培训，构建非正式学习模式

疫情给中小企业带来了巨大的挑战，中小企业经常面临着生存问题，前文提过高质量的人才是中小企业生存与发展的关键，因而中小企业应重视员工的学习与成长，充分利用公共培训平台。疫情期间，国家及相关企业积极承担社会责任，提供了很多低成本甚至免费的培训平台及在线的培训课程。在培训平台方面，如腾讯会议、Zoom 等平台，提供 100 方同时在线培训的大型视频会议空间平台；在培训课程方面，腾讯课堂、网易公开课、混沌大学、百度文库等提供了大量基础技能如沟通交流、理解记忆及大量专业技能（如 Python 大数据分析开发）等的在线课程资源。这使得中小企业在缺乏相关的资源投入、缺乏相应的方法论与基础的条件下，具备快速构建贴合企业自身发展属性的培训体系的条件。

非正式学习是相对正式学习而言的，该形式让员工可以在工作、生活、社交过程中接受新知识，即做中学、玩中学、游中学，在碎片时间就能够完成知识点的学习。随着短视频、自媒体的发展成熟，中小企业通过将冗长的课程切分成一个个的知识点，形成一问一答或微视频的形式，分享给员工，有利于员工在碎片时间进行通过移动终端学习，大大提升了学习效果。

四、扩大灵活用工范围，明确劳动者责任定位

疫情加快了中小企业转型的进度。为了进一步降低人工成本，中小企业必须进行员工优化，减少没有必要的人员配备，同时要保证对其他员工的安排，提升组织的协作能力。在疫情常态化情况下，许多中小企业根据最低配

置来进行人员配备，因而广泛采用灵活用工模式。灵活用工模式可以解决企业人力资源的供需平衡，是未来人力资源管理的趋势。在疫情反复期间，灵活用工有助于减少员工成本，在全社会范围内达到人力资源共享的目的。

但在运行中，中小企业在执行这一新劳动用工手段时，要兼顾三方权益。明确受享方、出借方、员工方的法律关系。与此同时，中小企业的人力资源部门要制定一系列财务、合同、社保、工伤、个税、薪资等规章制度，加强法律意识，最大程度地规避风险。中小企业人力资源部门要制定出更全面、细致的实施方案，利用以数字化作为依托的共享服务平台有效整合匹配需求和人力资源。

面对疫情的变化、市场的变化，中小企业的人力资源管理必须把握住时代的发展、紧紧跟随国家的政策方向，不断的在改革中完善自己的不足，充分利用大数据和智能化技术的发展，进行精简化的人力资源管理。

参考文献

[1] 加里·德斯勒.人力资源管理 [M].14 版.北京：中国人民大学出版社，2017.

[2] 刘宝."专精特新"企业驱动制造强国建设：何以可能与何以可为 [J].当代经济管理，2022，44（08）：31-38.

[3] 韩晶.推动"专精特新"中小企业持续健康发展 [J].人民论坛，2022（07）：90-93.

[4] 陆岷峰，徐阳洋.构建我国中小企业高质量发展体制与机制研究——基于数字技术应用的角度 [J].西南金融，2022（01）：65-75.

[5] 董志勇，李成明."专精特新"中小企业高质量发展态势与路径选择 [J].改革，2021（10）：1-11.

[6] 楚红伟.中小企业人力资源管理中的法律风险及防范研究 [D].桂林：桂林电子科技大学，2019.

[7] 张国卿，吴海燕，朱少英.全球化背景下中国中小企业发展环境研究——基于 PEST 框架 [J].改革与战略，2016，32（05）：131-136.

[8] 史红英.社会责任转移视角下中小企业人力资源管理机制改革研究 [J].商业经济研究，2015（08）：118-119.

[9] 狄国营.初创企业的人力资源管理问题研究 [D].南京：东南大学，2021.

[10] 温金海，陈晓伟，刘静，等.如何精准扶持人才初创企业？ [J].中国人才，2022（08）：39-43.

[11] 田光迪.内蒙古中蒙贸易中小企业人力资源管理与开发研究 [D].呼和浩特：内蒙古财经大学，2020.

[12] 卢锐，李锋.面向 2035 年科技型中小企业培育的创新对策 [J].中国科技论坛，2021（06）：17-18.

[13] 蒋琳.中小制造业企业人力资源管理外包风险及对策研究 [D].武汉：中南财经政法大学，2020.

[14] 金欣.H 公司人力资源外包方案设计 [D].桂林：桂林电子科技大学，2020.

[15] 杨丽，宋军.企业人力资源外包的经济效应 [J].人民论坛，2017（18）：90-91.

[16] 张进财，王霄.人力资源外包的关系风险——一项基于异质关系结构和权变业务过程的案例研究 [J].山东社会科学，2020（02）：97-104.

[17] 宋波.饲料企业人力资源外包的风险防范与有效实施路径 [J].中国饲料，2021（23）：143-146.

[18] 冯朝军，米咪，温焜.中小企业技术创新研究综述 [J].财会通讯，2018（30）：125-128.

[19] 胡辉华，刘佳舟.基于区域合作视角下的粤港澳大湾区中小企业转型升级路径研究 [J].云南民族大学学报（哲学社会科学版），2020，37（05）：121-125.

[20] 王智鹏.科技型中小企业核心员工动态管理研究 [D].兰州：兰州理工大学，2010.

[21] 唐敬坤.皮革企业核心人才流失的问题成因及解决对策探究 [J].中国皮革，2022，51（03）：38-41.

[22] 赵志红."乌卡时代"中小企业优化核心员工激励机制探究 [J].企业改革与管理，2022（02）：111-113.

[23] 李博.科技创新型中小企业人力资本收益分配机制与方法研究 [D].合肥：合肥工业大学，2019.

[24] 胡梁国.新疆产业集群内中小企业融资问题研究 [D].乌鲁木齐：新疆财经大学，2017.

[25] 张向阳.构建基于产业链集群的开放式创新平台，促进科技型中小企业创新发展 [J].中国科技论坛，2021（06）：11-14.

[26] 王云珠.山西中小企业产业集群发展与升级问题研究 [J].经济问题，2017（01）：121-125.

[27] 孙卫东.产业集群内中小企业商业模式创新与转型升级路径研究——基于

协同创新的视角 [J]. 当代经济管理，2019，41（06）：24-29.

[28] 朱勤敏. 湖北省中小企业产业集群发展和升级研究 [J]. 合作经济与科技，2019（13）：50-51.

[29] 童俊，杨明泽. 湖北省中小企业产业集群现状研究 [J]. 湖北工程学院学报，2015，35（02）：99-102.

[30] 严旭. 湖北县域中小企业集群生成路径分析 [J]. 商业时代，2013（36）：140-141.

[31] 董琛婷. "兜底均衡"理念下上海市中小企业公共服务平台建设研究 [D]. 上海：上海师范大学，2019.

[32] 龚尚猛，陈雪善. 毛衫企业集群下人力资源协同管理模式实证探析 [J]. 中国商贸，2011（09）：57-58.

[33] 宁敏静. 赣州有色金属产业集群发展中的人力资源开发问题研究 [D]. 赣州：江西理工大学，2011.

[34] 胡鹏. 恩施州茶产业人力资源开发研究 [D]. 武汉：中南民族大学，2020.

[35] 王梓. 新疆丝路之星人力资源服务产业园运营发展策略研究 [D]. 乌鲁木齐：新疆大学，2021.

[36] 薛文广. 供应链金融视阈下中小企业集群融资创新研究 [D]. 徐州：江苏师范大学，2016.

[37] 杜娟. 基于生态观的科技企业孵化器运行模式及效率研究 [D]. 长春：吉林大学，2014.

[38] 郭荔清. 基于需求视角的科技企业孵化器人力资源管理体系创新 [J]. 知识经济，2017（14）：71-72.

[39] 冯草. 科技企业孵化器的作用机理分析——基于人力资源管理、规模效应和技术创新的视角 [J]. 科技创业月刊，2013，26（01）：6-8+16.

[40] 李梓涵昕，周晶宇. 中国孵化器政策的演进特征、问题和对策——基于政策力度、政策工具、政策客体和孵化器生命周期的四维分析 [J]. 科学学与科学技术管理，2020，41（09）：20-34.

[41] 李燕萍，陈武. 中国众创空间研究现状与展望 [J]. 中国科技论坛，2017（05）：12-18+56.

[42] 王萍. 中小企业扶持措施探讨——意大利中小企业发展的启示 [J]. 产业经济评论，2018（04）：61-69.

[43] 杨丰全 . 日本扶持中小企业的主要方法及对我国的启示 [J]. 领导科学，
2020（12）：117-119.

[44] 李子彪，刘爽，刘磊磊 . 众创空间培育在孵中小企业增值路径研究——来
自天津市 69 家众创空间的经验 [J]. 科技进步与对策，2018，35（03）：
72-79.

[45] 杨毅，党兴华，李全升 . 扎根理论下西安航空中小企业创新创业平台构建
及运行机理研究 [J]. 科技进步与对策，2017，34（16）：42-47.

[46] 刘波，李湛，胡文伟 . 我国民营孵化器效率：研究综述及展望 [J]. 财会月刊，
2022（09）：138-143.

[47] 袁祥飞，郭虹程，刘彦平 . 谁对孵化绩效影响更大？城市、孵化器与企业
比较 [J]. 科研管理，2022，43（01）：89-97.

[48] 陈宏辉，贾生华 . 利益相关者理论与企业伦理管理的新发展 [J]. 社会科学，
2002（06）：53-57.

[49] 李国平，韦晓茜 . 企业社会责任内涵、度量与经济后果——基于国外企业
社会责任理论的研究综述 [J]. 会计研究，2014（08）：33-40+96.

[50] 姜珂 . 当代中国中小企业人力资源管理的伦理研究 [D]. 长沙：湖南师范大
学，2017.

[51] 王珺 . 中国企业人力资源管理伦理化研究 [D]. 沈阳：沈阳师范大学，2018.

[52] 解学梅，朱琪玮 . 企业绿色创新实践如何破解"和谐共生"难题？ [J]. 管
理世界，2021，37（01）：128-149+9.

[53] 唐凯麟，姜珂 . 当代中国中小企业实现人力资源管理伦理化转变的研究 [J].
湖南大学学报（社会科学版），2016，30（05）：111-116.

[54] 薛琼，肖海林 . 制度环境、组织资源与中小企业社会责任——基于北京市
中小企业的经验数据 [J]. 山西财经大学学报，2016，38（10）：89-101.

[55] 李涵，吴雨，邱伟松，等 . 新冠肺炎疫情对我国中小企业的影响：阶段性
报告 [J]. 中国科学基金，2020，34（06）：747-759.

[56] 阎沐杉，李姗晏 . 新冠肺炎疫情对中小企业的冲击及对策 [J]. 商业经济研究，
2020（21）：134-138.

[57] 刘小霞，韩传丽 . 公共危机视域下中小企业组织韧性提升的循环路径探析
[J]. 领导科学，2021（18）：73-75.